sk  ks

scanegs kleine kultur splitter
1

WERA MATHEIS

GLENN GOULD

Der Unheilige am Klavier

mit einem Vorwort von Silvia Kind

Illustrationen: Carl Gersvind Ingaberg

scaneg · München

CIP-Kurztitelaufnahme der Deutschen Bibliothek

Matheis, Wera:
Glenn Gould: d. Unheilige am Klavier/
Wera Matheis. Mit e. Vorw. von Silvia Kind.
Ill.: Carl Gersvind Ingaberg. – München: scaneg, 1987
(scanegs kleine kultur splitter; 1)
ISBN 3-89235-801-X
NE: GT

Die Scherenschnitt-Vignette stammt von
Helene von Gundlach, München
scanegs kleine kultur splitter · 1
© scaneg Verlag richard a. klein 1987
Alle Rechte vorbehalten – all rights reserved
Satz: ism gmbh, München
Lithos der Illustrationen: Ziegler & Schmalz, Augsburg
Druck: UNI-DRUCK, München

Meiner lieben Mutter

Mein Dank

gilt vor allem Prof. Silvia Kind, Elisabeth Rehaber und Reinhold Schmidt für die wertvollen Hinweise und nimmermüde Unterstützung.

Zu danken habe ich weiterhin Lucia Kornexl für die deutsche Übersetzung der Originalzitate, Carl G. Ingaberg für die Illustrationen, Dr. Karlheinz Hemmeter und Günter Stöber für ihre unschätzbare Hilfe.

Schließlich danke ich meiner Tochter Stefanie, die mich über so viele Stunden hinweg ungestört hat arbeiten lassen.

Wera Matheis

Vorwort

Vor einem guten Jahr bat mich Wera Matheis um Rat und Informationen über Glenn Gould und schickte mir eine ausgezeichnete Arbeit über ihn.

Seit da war es, als ob langsam, langsam Nebel sich teilten und einen beinahe verschollenen Abschnitt meiner Vergangenheit freigäben. Aus meinem italienischen Eremitendasein habe ich ganz spät Goulds Tod erfahren, hatte nichts von seinen Dokumentationen und Filmen gesehen. Aber immer deutlicher schien jetzt der junge Glenn mit seinem herzlichen Lächeln durch den grauen Zeitstoff zu gleiten und Gestalt anzunehmen, und wie unter einem Diktat begann ich, das längst Vergangene aufzuzeichnen, ohne frühere Notizen zu finden, ohne die großartigen Arbeiten von Bruno Monsaingeon, Daniel Kunzi, Tim Page – ja nicht einmal das Buch von Payzant – gekannt zu haben. Kaum war ich fertig, tauchte plötzlich Daniel Kunzi aus Genf auf mit allen Büchern, Cassetten, Videotapes, und seither höre, sehe, lese ich Glenn Gould mit unersättlicher Freude die Nächte hindurch bis zum Morgengrauen – echt gouldianisch!

Es heißt, kein Mensch habe je einen falschen Ton von Bach gehört; das Gleiche gilt auch für Glenn Gould. Nun, bei kühlen Naturen nicht so erstaunlich, wohl aber für Vulkane wie Bach und Gould! Vermutlich hat seit Bach niemand so spielen können wie Glenn Gould, und vielleicht wird es wieder dreihundert Jahre dauern, bis ein ähnliches Phänomen auftaucht.

Es beglückt mich, daß ein junger Mensch wie Wera Matheis mit enormem Fleiß und Intensität ein so klares Bild vom Musiker und Denker Glenn Gould entwerfen konnte. Indem sie mich über menschliche und persönliche Mitteilungen über ihn bat, hat sie mir Glenn quasi wiedergeschenkt!

Ich danke ihr von Herzen und wünsche ihr viele verständnisvolle Leser.

Silvia Kind
Professor emerit. der
University of Washington
Seattle, Wa.

Inhalt

excentrique

Einleitung

General Hospital, Toronto – 4. Oktober 1982 – 11.30 Uhr: Glenn Gould ist tot. Ohne das Bewußtsein wiedererlangt zu haben, starb Glenn Gould an den Folgen eines schweren Schlaganfalls, wenige Tage nach seinem 50. Geburtstag.
Die amerikanischen Zeitungen berichteten erschüttert:

> *„Glenn Gould ist tot. Seine unzähligen Bewunderer wollen diese harten und bitteren Worte nicht begreifen. In Hunderttausenden hat Gould, eine der erfindungsreichsten und verwegensten Gestalten unserer Zeit, den Wunsch nach dem musikalischen Abenteuer geweckt." (John Fraser, The Globe & Mail, 5.10.1982)*
> *„Meine Bewunderung für den Musiker Glenn Gould war so groß, daß ich selbst die verschrobenste Interpretation aufregend und stimulierend fand. Mit seiner lebhaften und unwiderstehlichen Wiedergabe der Werke Bachs hat er eine ganze Generation von Musikern beeinflußt." (Eric McLean, The Gazette, Oktober 1982)*
> *„...ein einzigartiges Musikschaffen, das für alle Zeiten auf Band festgehalten ist und ein erfülltes, kreatives Leben, das sich für immer im Gedächtnis eingeprägt hat." (Mark Czarnecki, Maclean's, 18.10.1982)*

Auch hierzulande fühlte man sich verpflichtet, über den Tod des Musikers zu berichten, freilich mit weniger Anteilnahme, eher distanzierter, reservierter. Hatte der komische Kauz aus Kanada doch Zeit seines Lebens genug Ärger bereitet, durch sein absonderliches Gebaren und seine absurden Ansichten, die er mit Vergnügen hinausposaunte, genug Anlaß zu fassungslosem Kopfschütteln oder – je nach Temperament – hitzigen Debatten gegeben. Selbst sein Tod konnte die erbosten Gemüter nicht besänftigen. Denn wer einmal gewagt hat, gegen Beethoven zu „flegeln", mit seinen Händen Mozart zu einem „Nähmaschinenmusikanten"[1]) zu degradieren, gar an Johann Sebastian Bach zu rütteln, der hat in den Köpfen der hiesigen grauen Eminenzen der Musikszene ausgespielt, ist bis zum letzten Atemzug ein Dorn im Auge geblieben. Glenn Goulds plötzlicher Tod traf seine Freunde und Anhänger wie ein Schock, umso mehr, als er noch mitten in der Arbeit steckte, den Kopf voller Ideen und Pläne hatte, mit ungebremster Energie an seinen Zielen hing.

Wer war nun dieser Kanadier? War er wirklich dieser unausstehliche Exzentriker und bärbeißige Misanthrop, dem nichts heilig war, der nur Beleidigungen für sein Publikum übrig hatte, geldgierig seine Überspanntheiten zu verkaufsfördernden Ritualen hochstilisierte und es dabei glänzend verstand, sich wirkungsvoll in Szene zu setzen? Dem Menschen Glenn Gould nachzuspüren, erwies sich als beschwerlich. Aus den zahlreichen Publikationen erfährt man nur wenig über seine Persönlichkeit und sein Leben außerhalb des Tonstudios. Sein Privatleben – nach seinem Biographen Geoffrey Payzant „einfach" und „nicht bemerkenswert", ein Buch darüber gar „langweilig" und „sehr dünn" – war hermetisch abgeriegelt. Die wenigen aber, die Glenn Gould kennengelernt haben, seine Freunde und Arbeitskollegen, vermitteln ein sehr positives Bild:

> *„Er war ein außerordentlich freundlicher und aufmerksamer Mensch, niemals herablassend, ein Mann von echter Herzlichkeit, Liebenswürdigkeit und Demut."*[2])

Bis zum Schluß strahlte er eine ungebrochene Lebenslust aus, legte in allem, was er tat, eine enorme Energie und Intensität an den Tag, die alle mitriß, war offen, zugänglich und natürlich. In seiner Gesellschaft schwand jede Befangenheit auf der Stelle, man fühlte sich sofort mit ihm vertraut. Er genoß lange Gespräche über alles, was ihn bewegte, berichtete mit Eifer über seine neuen Projekte, war mehr als willig, seine Kräfte und Reserven zu vergießen.

Am glücklichsten aber fühlte er sich in der Einsamkeit seines Tonstudios, zu dem nur ganz Wenige Zutritt hatten. Persönliche Kontakte mied er immer mehr, empfand sie schließlich als störend und unnötig, reduzierte sie auf das Unumgängliche.

> *„Mit zunehmendem Alter gelange ich mehr und mehr zu der Ansicht, daß ich ohne Leute auskommen kann. Ich kapsele mich von kollidierenden und kontrastierenden Meinungen ab und bevorzuge die klösterliche Abgeschiedenheit."*[3])

Das Telefon wurde Goulds bevorzugtes Konversationsmittel, wurde sein Paradigma für „action at a distance"[4]). Selbst mit seinen Eltern oder engen Freunden telephonierte er eher, als daß er sie besuchte, manche seiner Freunde kannte er nur von Ferngesprächen.

Die Essenz menschlicher Gedanken offenbare sich ihm leichter über dieses akustische Medium als im persönlichen Kontakt, bekannte er freimütig. Erreichbar war er nur unter einer Geheimnummer. Legendär sind seine bereitwillig und ausführlich erteilten Interviews am Telefon, die über die Vermittlung einer höflichen Telefonistin zustande kamen:

> *„Mr. Gould ist nicht zu Hause, aber er wird Sie bestimmt zurückrufen, wenn Sie eine Nachricht hinterlassen.“*

Rief er dann an, gewann man schnell den Eindruck, daß er auch am Telefon ein Virtuose war, denn am anderen Ende der Leitung ergoß sich ein Redefluß wie ein überschäumender Wasserfall. Er sprach sehr schnell und präzise und schweifte nie ab. Der CBC-Produzent Mario Prizek erinnert sich sehr gerne an die Nacht, als ihm Glenn Gould über das Telefon eine einaktige Oper vorsang, um ihm das Einschlafen zu erleichtern. Manchmal meldete er sich mit verstellter Stimme und amüsierte sich köstlich, wenn er unerkannt blieb. Überhaupt hatte er eine große Vorliebe dafür, sich zu verkleiden und fiktive Charaktere zu spielen: ehrwürdige englische Dirigenten, ehrgeizige Sportler oder Rocksänger. Manchmal interviewte er sich selbst, wobei der Befragte kaum zu Wort kam oder er verfaßte unter einem Pseudonym vor Witz sprühende Kritiken über seine eigenen Platten.[5]
Sein geistreicher Humor blitzt in vielen seiner Artikel und Interviews auf. Glenn Gould war Nachtarbeiter. Er begann sein Tagewerk, wenn andere es bereits beendeten und arbeitete dann bis in die frühen Morgenstunden, fühlte sich wohl in dieser Abgeschiedenheit. Tim Page, Musik- und Kulturkritiker der New York Times, hat ihn in seinem Studio im Hotel *Inn on the Park* in Toronto, das er in den späten siebziger Jahren bezog, besucht. Dieses Hotel war das einzige in Toronto, das seinen Service auch während der Nacht anbot – und außerdem besaß es einen unauffälligen Seiteneingang. Gould war nicht in der Hotelliste eingetragen, und an der Rezeption wurde einem nur beschieden, daß ein Mr. Gould dort nicht wohne. Das Studio wirkte wie eine Zelle – die Fenster verdunkelt, die Vorhänge zugezogen, die Verbindung zur Außenwelt

schien abgerissen. Der Raum war vollgestopft mit hochkompli-
zierten technischen Apparaten, Tonbandgeräten, Hifi-Anlagen,
Videorecorder und einem Fernsehgerät. Es gab kein Klavier. Hier
konnte Gould ungestört experimentieren, Kritiken und theoretische Abhandlungen verfassen und seinen Ideen nachhängen. Im
Badezimmer lagen überall leere Valiumfläschchen herum. Obwohl
Gould sorgsam auf seine Gesundheit achtete, nicht rauchte und
keinen Alkohol trank, gestand er doch unumwunden seine Abhängigkeit von Beruhigungsmitteln und Sedativen ein, ein Laster, das
auf seine Jahre als Konzertpianist zurückging. Andererseits benö-
tigte er Aufputschmittel, um seinen Kreislauf anzukurbeln. Un-
mengen von Tabletten schluckte er zur Vorbeugung, denn er hatte
panische Angst vor Erkältungskrankheiten, ein Grund, warum er
einem auch ungern die Hand gab – er war ein Hypochonder wie
sein Großvater. Eine vielerzählte Anekdote darf hier nicht fehlen:
Der texanische Pianist Van Cliburn rief Gould während einer Zwi-
schenlandung in Toronto vom Flughafen aus an. Mitten im Satz
mußte er plötzlich niesen. Gould, von Panik erfaßt, legte auf.
Auch im Sommer war er mit dickem Mantel, Schal, Mütze und
Handschuhen bekleidet – um sich vor der Klimaanlage zu schüt-
zen, die seine Haut austrockne –, wie er einem Reporter ver-
schmitzt erklärte. Gould besaß ein an einem See gelegenes Haus,
von dessen Existenz nur wenige Freunde wußten. Er liebte die Natur und die Tiere. Der kanadische Filmemacher John McGreevy
sagte:

> *„Glenn fühlt sich in der Gesellschaft von Tieren wohler als in menschlicher
> Gesellschaft. Er schreibt sich selbst außergewöhnliche Fähigkeiten in der
> Kommunikation mit Tieren zu.“*[6])

Ein Mann, der mit Tieren sprach, Zwölf-Stunden-Monologe produzierte, hemmungslos bei seinen Aufnahmen mitsang, seine so-
zialen Kontakte auf das Telefonieren beschränkte, das ganze Jahr
über Mantel, Hut und Handschuhe trug, Petula Clark und Barbara
Streisand verehrte, Polarbären ein Ständchen brachte... Goulds
Lebensweise brachte ihm den Ruf eines Exzentrikers und spleeni-
gen Sonderlings ein. Aber neigen wir nicht allzu leicht dazu, Menschen, die anders sind, die ausscheren aus der Norm, den Stempel

des Außenseiters aufzudrücken? Nahm sich nicht Glenn Gould nur die Freiheit, sein Leben so einzurichten, wie er es leben wollte? Das kostbare Glück seiner Begabung ermöglichte ihm das. Auch außerhalb des Studios lebte er mit technologischen Einrichtungen in einem Maße, das selbst das abschreckende Bild des typischen Amerikaners, der den größten Teil seiner Freizeit vor dem Fernsehgerät verbringt, verblassen läßt. Gould lebte allein in einem Sechs-Zimmer-Appartement in Toronto, zeitweise umsorgt von einer Haushälterin, die einen verlorenen Kampf gegen die unbeschreibliche Unordnung führte. Gould selbst kochte nie, putzte nie und belastete seinen Kopf wenig mit alltäglichem Kleinkram, der den Normalbürger bereits viel Zeit und Energie kostet. So konnte er mit uneingeschränkter Aufmerksamkeit und ganzer Kraft seiner Arbeit nachgehen. Das erklärt wohl auch Goulds ungeheuerliche Produktivität. Er sah viel fern, benützte häufig seine HiFi-Anlage, las verschiedene Zeitungen, trug ständig ein Radio mit sich und hörte manchmal gleichzeitig zwei Sender:

> *„Ich fand heraus, daß ich – so seltsam es klingt – die schwierige Klavierpartitur Opus 23 von Schönberg besser lernen konnte, wenn ich gleichzeitig auf zwei Sendern (FM und AM) Musik und Nachrichten hörte. Ich möchte auf dem Laufenden bleiben."*[7]

In der Musikart war er nicht wählerisch und konsumierte alles, von Klassik bis Pop. Sich simultan mit verschiedenen Dingen zu beschäftigen, schien Goulds bevorzugter Arbeitsstil zu sein. Er studierte beispielsweise einen Notentext oder las in einer der vielen Zeitschriften, für die er schrieb, während er aufmerksam ein Telefongespräch führte. Goulds Freund, der kanadische Kommunikationswissenschaftler Herbert Marshall McLuhan, prägte hierfür den Begriff „omniattentive"[8]. Beschäftigte er sich mit Literatur, so bevorzugte er Schriftsteller des ausgehenden neunzehnten Jahrhunderts und der frühen Moderne: Mann und Kafka, Tolstoi und Dostojewski, aber auch philosophische und theologische Schriften.
Die letzen Photos zeigen einen alten Mann mit eingefallenem, ausgemergelten Gesicht. Kraftlos und erschöpft blickt er in die Ka-

mera – keine Spur mehr von dem erfrischenden jungen Glenn. Man könnte viel über Goulds plötzlichen Tod spekulieren, der nach der heutigen Lebenserwartung fünfundzwanzig Jahre zu früh erfolgte.

Alle, die mit Gould gearbeitet haben, berichten übereinstimmend von der schier unvorstellbaren Intensität und Konzentration, mit der er zu Werke ging. Er kannte kein Kräftehaushalten. Selbst bei seinen Fernsehsendungen spürt der Zuschauer diese energiegeladene Arbeitsatmosphäre: Nach dem Spiel von nur ein paar Takten einer Fuge mußte er erst Atem schöpfen, um weitersprechen zu können. Sobald Gould die Tasten berührte, schien er in einer weit entfernten Welt zu sein, sich mit Leib und Seele dieser Musik hinzugeben. Vielleicht hat er sich in seiner Arbeit aufgezehrt?

Silvia Kind hat mir von ihren Begegnungen mit Glenn Gould berichtet. Sollen ihre Erinnerungen das Bild des Menschen Glenn Gould abrunden:

„Glenn Gould und ich waren Freunde, bevor wir uns kannten, und das kam so: Eines Tages rief der kanadische Generalkonsul in Berlin – ein treuer alter Freund – an und sagte, ich solle schnell kommen, er habe Platten von einem ganz jungen kanadischen Pianisten da, die ich hören müsse. Er lud dann noch Aurèle Nicolet, die deutsche Leiterin des British Center – von Königin Elisabeth mit einem hohen Orden bedacht – und einen deutschen Komponisten, dessen Namen ich vergessen habe, ein.

Nach den ersten paar Takten des Themas von Bachs Goldberg-Variationen wußte ich: Dieser junge Mensch ist ein Genie. Es kam mir gar nicht in den Sinn, daß dieses Stück nun wirklich für Cembalo geschrieben worden ist – es war Musik aus Urtiefen kommend – oder auch direkt vom Himmel.

,Aber so kann man doch nicht Bach spielen!' rief der deutsche Komponist. Und ich – wütend: ,Habt Ihr vielleicht das Patent für ihn? Schließlich waren seine Vorfahren Ungarn!' Aurèle stimmte mir bei, und die prächtige Frau von Wedelstädt genoß die Szene. ,So gebrüllt wurde noch nie in meiner Wohnung', meinte Captain O'Hagan erstaunt.

Nur einige Wochen später geschah das denkwürdige Berliner Debut Glenn Goulds in der Philharmonie: Bachs d-Moll-Konzert mit Karajan. O'Hagan hatte Glenn natürlich genau von der Redeschlacht in seiner Wohnung – ausgelöst durch die Goldberg-Variationen-Platte – berichtet, und als er Glenn und mich zusammenbrachte, war der Kontakt augenblicklich und vollkommen.

Glenn sagte, daß seine Lieblingsplatte Frank Martins *Petite Symphonie Concertante* unter Fricsays Leitung sei und daß er darin am meisten mein Cembalo-Solo liebe. Das machte mich natürlich sehr glücklich. (Übrigens hat auch Frank Martin diese Aufnahme am meisten geliebt.) Glenn sagte, ich müsse unbedingt mein Repertoire aufnehmen, Platten seien enorm wichtig.

Natürlich saß ich in der Probe. Nach den ersten paar Takten gab Karajan den Taktstock dem Konzertmeister, setzte sich in den Saal und hörte versunken zu. Das Konzert selber war herrlich; das Publikum schien teils erschüttert, teils erstaunt. Glenn war eine völlig neue und aufregende Erscheinung im Konzertsaal. Sein Anblick – unendlich jung, einsam, scheu und knabenhaft, auf seinem niedrigen Stühlchen sitzend – rührte mich fast zu Tränen. Damals sprach schon alles von seinen ‚Extravaganzen‘, worunter die Spießer eben das niedrige Stühlchen, sein Mitsingen und gelegentliches Dirigieren mit einer freien Hand verstanden. Im übrigen brauchte ja niemand zu schauen; es heißt vom Musikpublikum der Zuhörer und nicht der Zuschauer (der gehört ins Theater). Nein, Glenn ist mir gar nie extravagant vorgekommen. Ich habe ihn von Anfang an als einen ganz natürlichen jungen Menschen mit einer außerordentlichen Herzlichkeit und Wärme – und unerhört gescheit! – empfunden.

Gemeinsam war uns das Bedürfnis nach Einsamkeit, die Bevorzugung der Nacht zum Arbeiten und die große Liebe für die Tiere. Einige Jahre lang schickte mir Glenn seine neu erschienenen Platten. Dann traf ich ihn wieder in Toronto, seiner geliebten Vaterstadt. Als ich in seine Wohnung kam, blieb mir buchstäblich der Atem weg. Ich bin – weiß Gott – ein unordentlicher Mensch, aber im Vergleich zu dem, was sich hier meinen Augen bot, bin ich beinahe ordentlich: Es war ein Chaos – als solches allerdings grandios, nirgends ein freier Platz, überall Noten und Bücher, auf den Stühlen, auf dem Fußboden, auf Tischen und Schränken, auf dem Flügel. Wir standen also und ich hoffte inbrünstig, er würde spielen. Aber damals hatte er schon lange das öffentliche Auftreten aufgegeben und spielte vor niemandem, auch nicht vor Freunden. Er führte mir neue Platten vor und zeigte mir vom ringsumlaufenden Balkon die herrliche Aussicht auf die fantastische Stadt Toronto und das enorme Wasser.

Abends hatte Glenn einen Freund, dessen Braut und mich zum Nachtessen in ein feudales Hotel geladen. Er war ernst und einsilbig. Ich hatte das Gefühl, daß er in die Braut seines Freundes verliebt war. Aber seine Anständigkeit und seine Scheu hätten es nie zugelassen, dem Mädchen auch nur im geringsten seine Gefühle zu zeigen. Er tat mir leid. Sein Privatleben hielt er unter Verschluß, und nie hätte ich gewagt, daran zu rühren.

Am andern Tag zeigte er mir Toronto. Er fuhr ausgezeichnet. Mir fiel auf, wie wenig Verkehrsampeln es gab. Auf meine Frage meinte Glenn: ‚Oh, wir regeln das mit einem Lächeln.‘ Und es funktionierte!

Er hatte in einem berühmten College außerhalb von Toronto ein Recital für mich arrangiert. Am nächsten Morgen fuhr er Greta Kraus Dentay – eine gute Cembalistin und gemeinsame Freundin – und mich drei Stunden zu diesem College, einem Ort mit schönen Häusern aus dem 18. Jahrhundert. Wir gingen direkt zur Kirche, wo alle Konzerte stattfanden. Glenn bestieg die Kanzel und begann mit pathetischer Stimme zu predigen, d.h. es war natürlich nur Unsinn, hörte sich aber ungeheuer echt an, so echt wie das fiktive Russisch oder Chinesisch des Tenors Ernst Haefliger. Wir lachten, daß wir fast von den Stühlen fielen. Dann begann ich mich mit dem Cembalo zu beschäftigen, das mir Greta geliehen hatte. An dem Empfang nach dem Konzert, den die Fakultät gab, nahm Glenn, der sonst nie solche Anlässe besuchte, zu aller Erstaunen teil, ließ seinen himmlischen Humor spielen und fuhr uns dann wieder die drei Stunden nach Toronto zurück, wo wir höchst vergnügt im Morgengrauen ankamen.

12

Dies ist das letzte Mal gewesen, daß ich Glenn gesehen habe. Als ich einige Jahre später nach Toronto kam, sagte Greta, Glenn habe sich ganz zurückgezogen, sie sehe ihn nie mehr. Und auch zum Empfang, den sein Biograph, Professor Geoffrey Payzant, für mich gab, erschien er nicht. Ich war traurig, versuchte aber nicht, ihn zu erreichen. Bin dankbar, daß ich den Weg dieses Genies streifen durfte.

Über Glenns Charakter ist zu wenig gesagt und geschrieben worden. Mir scheint, er werde immer noch vor allem als ‚Fall‘, als Kuriosität betrachtet. In der grenzenlosen Bewunderung seines Genies sind sich alle einig; aber die Triebfeder für die meisten Publikationen scheint doch mehr Neugier als Anteilnahme zu sein. Den wundervollen Menschen hinter dem Genie übersieht man.

Der erste Eindruck, den ich von ihm gehabt habe: Natürlich, herzlich, voller Wärme, hat sich immer bestätigt. Und dazu kamen eben sein herrlicher Humor und der überragende Verstand. Typisch für seine Güte: Sein Herz für die Tiere. Nachts pflegte er auf dem See, an dessen Ufer er ein Haus hatte, herumzufahren und mit großem Lärm die Fische vor den Fischern zu warnen! Zweihunderttausend Seen, erzählte er stolz, gäbe es allein in Ontario! Er war ein guter Patriot und liebte sein Land leidenschaftlich.

Glenns Agent, der mir die Sache mit den Fischen erzählt hatte, sagte auch, daß Glenn mit vier Jahren ganz wunderbar Klavier gespielt habe, wie der kleine Mozart. Aber er hat vernünftigere Eltern gehabt, die ihm ein Wunderkinddasein erspart haben.

Um auf das Chaos in Glenns Wohnung zurückzukommen: Dieser Agent erzählte auch, wie Glenn seine Liebe für die Eisenbahn entdeckt habe. Er pflegte immer ein ganzes Abteil (riesenhaft in den alten, beinahe verschwundenen Eisenbahnen Kanadas und Amerikas) zu nehmen und nach kürzester Zeit habe es darin ausgesehen wie in seiner Wohnung, und ein glücklicher Glenn sei arbeitend im heimischen Chaos gesessen von Toronto bis New York, wo er in den Aufnahmestudios das Spielen ohne Publikum genoß.

Eines ist klar: Glenn Gould war eine der liebenswertesten und genialsten Figuren unserer Zeit, deren Auswirkung noch unübersehbar sein wird, ein Komet, dessen Schweif noch lange, lange den Himmel erleuchtet.“[9])

13

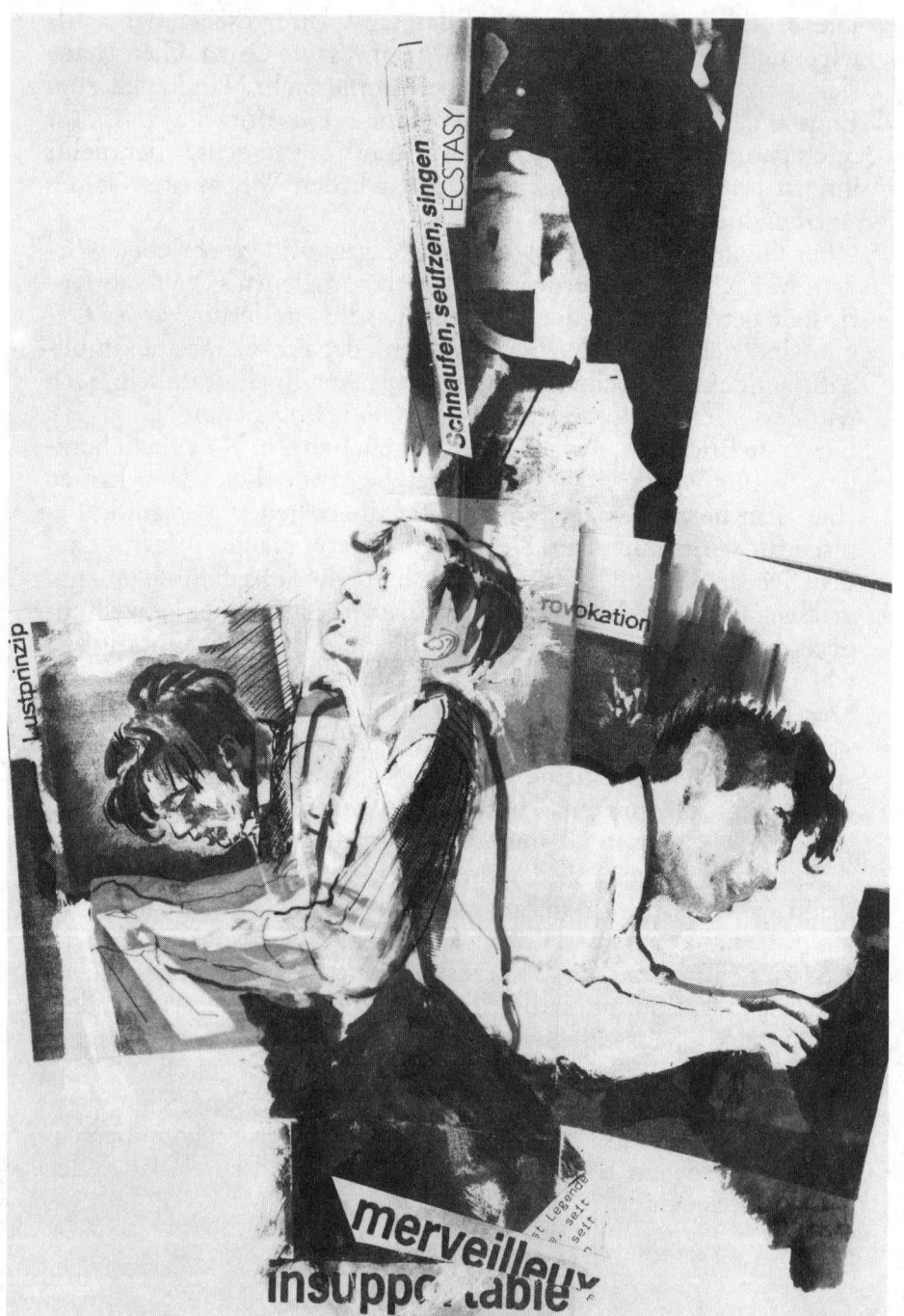

„...wenn man die Musik hört, hat man das Gefühl, als sähe man zu, wie ein unendlich kompaktes Werk entfaltet, ja fast aufgelöst wird in ein Bündel ineinander verwobener Linien, die nicht von zwei Händen, sondern von zehn Fingern zusammengehalten werden, von denen jeder gefühlsmäßig mit allen anderen und mit den zwei Händen verbunden ist und ein Wille hält all dies zusammen." (Edward W. Said)

Kindheit und Jugend

Glenn Gould ist am 25. September 1932 in Toronto geboren. Seine Eltern, Florence und Bert Gould, waren beide Musiker, die Mutter spielte Klavier und Orgel und unterrichtete Gesang, der Vater war neben seinem Beruf als Kürschner ein ambitionierter Amateurgeiger.

Seine ersten Lebensjahre verbrachte Gould in einem komfortablen Haus in der Nähe des Ontario-Sees in Toronto und wurde als einziges Kind von seinen Eltern umsorgt und gehegt, da er stets kränkelte und sich schnell erkältete. Der bekannte Autor und Herausgeber des *Saturday Night Magazines* Robert Fulford, Goulds bester Freund während seiner Kindheit und Jugendjahre, beschreibt ihn als überaus lebendiges und vorwitziges Kind, das sich nicht immer mit zivilisierter Zunge ausdrückte und empörende wie kluge Ansichten vertrat.

> *„He seemed to know, from birth, almost everything about everything, particularly music, and if he didn't know it today he would probably learn it tomorrow."1)**

Von klein auf dominierte die Musik. Wie sein Vater erzählt, habe Glenn, als er alt genug war, um auf dem Schoß seiner Großmutter am Klavier zu sitzen, nicht mit den Händen auf die Tasten geschlagen, sondern immer nur eine Taste gedrückt und mit sichtlichem Vergnügen dem verklingenden Ton nachgelauscht. Mit drei Jahren zeigte sich Goulds außergewöhnliche musikalische Begabung, das absolute Gehör und eine unglaubliche Geschicklichkeit am Klavier. Notenlesen bereitete ihm keine Schwierigkeit. Der Klavierunterricht bei seiner Mutter begann. Mit fünf spielte er bereits einfache, zum Teil selbst erfundene Melodien und trat zum ersten Mal in der „Women's Missionary Society of Emmanuel Presbyterian Church" öffentlich auf. Sein erstes Konzert besuchte er mit sechs Jahren:

> *„It was Hofmann. It was, I think, his last performance in Toronto, and it was a staggering impression. The only thing I can really remember is that, when I was being brought home in the car, I was in that wonderful state of half-awakeness in which you hear all sorts of incredible sounds going*

17

*Deutsche Übersetzung der Originalzitate siehe Anmerkungsteil.

through your mind. They were all orchestral sounds, but I was playing them all, and suddenly I was Hofmann. I was enchanted."[2])

Die Schule empfand Gould eher als Belastung:

„I found going to school a most unhappy experience and got along miserably with most of my teachers and all of my fellow students."[3])

Mathematik und Literatur fielen ihm leicht, das Auswendiglernen von Gedichten dagegen bereitete ihm Schwierigkeiten und war ihm zuwider. Fulford erzählt, daß Gould, um ein Gedicht behalten zu können, den Text in Musik setzte und ihn sich durch pausenloses Singen einpaukte.[4]) Wenn dieser Bericht nicht in den Bereich der Künstleranekdote gehört, so ist er bemerkenswert, denn später lernte Gould sein Repertoire mühelos auswendig und beherrschte es sicher und ohne Gedächtnislücken. Sein Vater hatte mit dem Schuldirektor die Vereinbarung getroffen, seinem Sohn den Schulbesuch am Nachmittag zu erlassen, damit genügend Zeit für seine musikalische Erziehung blieb. Am Abend kamen dann Privatlehrer, um das Versäumte nachzuholen. Mit elf bekam Gould Unterricht am Royal Conservatory of Music, Klavier bei Alberto Guerrero, Orgel bei Frederic C. Silvester und Theorie bei dem Cellisten, Komponisten und Musikkritiker Leo Smith. Ungeachtet der damit verbundenen Einschränkungen, ließen sich seine Eltern diese Ausbildung jährlich 3000 $ kosten. In jenen Jahren bereits, so gibt Gould an, habe er sich ernsthaft seiner musikalischen Schulung gewidmet und an eine Karriere gedacht:

„I didn't become very serious until I was perhaps ten or eleven, when I really began to work with the idea of a career. It was something to sit and think about when I was bored with the (school) teacher, as I always was; and it was also a wonderful escape from my fellow students, whom I was always getting in wrong with."[5])

Fulford erinnert sich:

„Even as a child Glenn was isolated because he was working like hell to be a great man. He had a tremendous feeling and loving affection for music... It was an utter, complete feeling. He knew who he was and where he was going."[6])

18

Guerrero, ein aus Chile stammender Konzertpianist, der vor dem Ersten Weltkrieg Erfolge in Lateinamerika gefeiert hatte, war damals in den Fünfzigern und galt als einer der besten Klavierpädagogen Kanadas. Er blieb neun Jahre lang, bis 1952, Goulds Lehrer. Aus dieser Zeit existiert eine Aufnahme, die Guerrero in seinem Hause für private Zwecke mitgeschnitten hat. Turnabout preßte sie mit dem Titel „The Young Glenn Gould – Volume Two" auf Platte. Die Aufnahme stammt aus der Mitte der vierziger Jahre. Gould war damals etwa zwölf und seit zwei Jahren Guerreros Schüler. Trotz der technisch sehr mangelhaften Qualität, vom Allegro aus der Sonate Nr. 5 KV 521 fehlen sogar die letzten Akkorde – die beiden Musiker hätten sich wohl nicht träumen lassen, daß diese Aufnahme jemals in solchem Maße interessierte Hörer finden würde –, umfängt einen die zwingende Musikalität und das Temperament des jungen Künstlers. In der in jeder Passage aufleuchtenden Musizierlust und Spontaneität spürt man die Freude am gemeinsamen Musizieren. Nicht zuletzt mag dieses Tondokument die harmonische Beziehung zwischen Glenn Gould und seinem Lehrer widerspiegeln, die bis zu Guerreros Tod im Jahre 1956 fortdauerte.

Guerreros Frau Myrthe, selbst eine anerkannte Klavierlehrerin, erzählt über die Unterrichtsstunden:

> *„Glenn was not taught in the usual way, ‚Do this' or ‚Do that'. Alberto exposed him to all kinds of music, and they would enjoy analyzing the music together. Alberto once remarked, ‚If Glenn feels that he hasn't learned anything from me as a teacher, it's the greatest compliment anyone could give me. The whole secret of teaching Glenn is to let him discover things for himself... The lessons were of great duration because Glenn insisted on getting every sound just right. He would linger over just one or two things until he had it. Alberto would say, ‚Oh, it's all right, Glenn', but Glenn would say, ‚No, it's not'...* "[7])

Guerrero selbst berichtet:

> *„I couldn't teach him the way I did others... Even at eleven he had a perfectly good idea of his powers and he hasn't changed much."*[8])

Guerrero war Goulds zweiter Lehrer nach dessen Mutter und Gould sollte auch keinen weiteren Lehrer haben. Noch bevor Guerrero starb, konnte er die Anfangserfolge und den internationalen Durchbruch seines Schülers miterleben. Später bezeichnete sich Gould als Autodidakt. Er habe eigentlich erst nach seinem Unterricht bei Guerrero sein Musikstudium begonnen und vor allem von Platten, vom Radio und aus Notentexten gelernt und durch sein Reflektieren am und über das Klavier.

Gould arbeitete wie besessen, am liebsten hätte er Tag und Nacht gespielt. Doch seine schwächliche Konstitution erforderte eine Limitierung der Übungszeit auf vier Stunden – die streng kontrolliert werden mußte!

Seine Eltern wollten eine „normale Kindheit" für ihn, frei von Wunderkindverpflichtungen und geschäftstüchtigen Managern. Gould hat sich später auch entschieden dagegen gewehrt, jemals ein Wunderkind gewesen zu sein, obwohl seine frühen Erfolge der Beweis dafür sind. Von etwa 1942 bis 1949 beschäftigte er sich intensiv mit dem Orgelstudium, das nach seiner Auffassung die Grundlage seiner Klaviertechnik bildete und die Liebe zu Johann Sebastian Bach weckte, die zeitlebens einen Schwerpunkt seines Schaffens darstellte. Mit zehn Jahren beherrschte er alle Präludien und Fugen des ersten Teils des Wohltemperierten Klaviers, mit zwölf und dreizehn studierte er die Partiten.

Am 15. Februar 1944 gewann er in einem Klavierwettbewerb in Toronto im Rahmen des alljährlichen *Kiwanis Music Festival* den ersten Preis („Piano trophy competition"). Am Tag darauf spielte er nochmals im „Grand Finale Concert" des Festivals. Ein unbekannter Musikkritiker schrieb dazu:

> *„Among good talent probably young Glenn Gould stood out by his modest piano performance. Many people younger have been thrust on the concert stage to play more ambitious things, but young Gould took hold with that sort of commanding intelligence and responsibility which indicate an ability worth watching."*[9])

Von 1945 bis 1951 besuchte Gould das *Malvern Collegiate Institute,* das er ohne Abschluß verließ. Fulford berichtet, Gould sei im Unterricht mehr ab- als anwesend gewesen, so daß er zwischendurch Privatunterricht nötig hatte, während er sich fast ausschließlich dem Musikstudium am Konservatorium widmete. Zu seinen

Mitstudenten, die ihm mit Respekt begegneten, hatte er kaum Kontakt.

Nach seinen Idolen und Einflüssen in der Jugend gefragt, nennt Gould Arthur Schnabel, dessen Beethoven-Interpretationen ihn am meisten beeindruckt hätten:

> „...*I think, in part, it was because Schnabel seemed to be a person who didn't really care very much about the piano as an instrument. The piano was a means to an end, for him, and the end was to approach Beethoven.*"[10])

Erstaunen mag, daß Glenn Gould an Schnabel das Desinteresse für die charakteristischen Eigenschaften des Klaviers als Instrument bewundert hat, hat er sich doch zeitlebens mit dem Problem beschäftigt, die technische Vielfalt und Einzigartigkeit des Klaviers vollends auszuschöpfen.

Eine andere wichtige musikalische Erfahrung für den fünfzehnjährigen Gould war eine Aufführung von *Tristan und Isolde,* die ihn zu Tränen rührte. Etwa zur gleichen Zeit lernte er Bach-Einspielungen von Rosalyn Tureck kennen, die ihn vollends in seiner Vorstellung, wie Bach auf dem Klavier gespielt werden müsse, bestärkten. Diese Vorstellung stimmte nicht mit der seines Lehrers Guerrero überein, der aus einem anderen Lager kam. Er war von Casals, Landowska und Edwin Fischer beeinflußt, der, nach Gould, „mit exzessivem rubato" spielte. Turecks Spiel war „upright", mit „a sense of repose, and I don't mean languor. I mean positiveness...".[11]) Gould muß unter „exzessivem rubato" wohl etwas ganz anderes verstanden haben, als es allgemein üblich ist. Nimmt man zum Beispiel das Adagio aus der e-moll-Toccata BWV 914 so paßt hier dieser Terminus wie die Faust aufs Auge. Freilich, zwischen seiner Feststellung und der Toccaten-Einspielung liegen etwa dreißig Jahre.

Als Gould achtzehn Jahre alt war, hörte er Aufnahmen von Leopold Stokowski und entwickelte eine tiefe Bewunderung für diesen Dirigenten. 1957 lernte er ihn bei der Rückkehr aus der Sowjetunion, wo er als erster amerikanischer Pianist konzertiert hatte, auf dem Frankfurter Hauptbahnhof kennen. Dieses Zusammentreffen bezeichnete er als eines der wichtigsten Ereignisse in seinem Leben. Er sagte über Stokowski:

*„He was, and is, for want of a better word, an ecstatic. Stokowski is in-
volved with the notes, the tempo marks, the dynamic indications of the
score, to the same extent that a film-maker is involved with the original
book or source which supplies the impetus, the idea, of his film. So Stokowski's performances, then, stand or fall by the degree to which he can infuse
them with a sense of his own commitment to the project at hand."[12])*

Gerade den Vergleich mit einem Filmregisseur hat Gould schnell
parat, trifft er doch genau den Kern seiner Interpretationsauffas-
sung: Ein Interpret darf sich, ähnlich einem Regisseur, der der literarischen Vorlage sein eigenes Gepräge gibt, vom Notentext niemals ein Korsett anlegen lassen. Eigene Vorstellung und Empfindung sollten im Vordergrund stehen, auch wenn sie allgemeingültige Regeln der Interpretationskunst scheinbar über den Haufen
werfen. Goulds Interpretationen decken sich nun mal in keinem
Moment mit den herkömmlichen und gewohnten Hörererwartun-
gen, sondern irritieren und verblüffen eher. Wie Leopold Stokowski, lehnte auch er das sture, detailgetreue Festhalten am Notentext ab – Gould-Gegner werden wohl auch einen Stokowski
nicht mögen. Aber sind es nicht gerade auch die „Extravaganzen
und Überspanntheiten", die seine Musik immer wieder zum ein-
drucksvollen Hörerlebnis werden lassen?
Bereits in jenen Jahren hatte Glenn Gould – wenig bekannte –
Kompositionen verfertigt. So entstand 1948 eine Klaviersonate,
die weder veröffentlicht noch jemals der Öffentlichkeit vorgestellt
wurde. Im selben Jahr komponierte er vier Klavierstücke zu
Shakespeares „Was ihr wollt" mit den Titeln, "Regal Atmo-
sphere", "Elizabethan Gaiety", "Whimsical Nonsense" und
"Nocturne". Zwei Kompositionen dieser Periode wurden im Januar 1951 in einem Konzert des Royal Conservatory of Music aufgeführt: die Zwölfton-Sonate für Fagott und Klavier und eine
Gruppe von fünf Klavierstücken, die, nach Goulds Worten, von
Anton Weberns Opus 5 beeinflußt waren. Gould spielte zusammen mit dem Fagottisten Nicholas Kilburn. Zu seinen Kompositionen sagte er:

*„I went through a twelve-tone period in my late teens and early twenties,
and the works of that era – not because they are twelve-tone but simply*

because I was not particularly convinced with what I did with the idiom –
are now put into mothballs."[13])

Seine öffentlichen Auftritte vor 1955, dem Jahr seines New Yorker
Debuts, waren spärlich. Ganz hatte sich natürlich so ein Talent
nicht verbergen lassen. So kam am 12. Dezember 1945 auf Bestreben einer die Orgelmusik fördernden Gesellschaft ein Konzert in
Toronto zustande. Der gerade zwölfjährige Gould stellte sich damals also nicht als Pianist, sondern – nach nur dreijährigem Orgelstudium – als Organist zum ersten Mal einem großen Publikum
vor. Gould spielte im Eaton Auditorium auf einer großen Orgel
der Gebrüder Casavant, der berühmtesten Orgelbauer Kanadas.
Unter der Überschrift „Boy Aged 12, Shows Genius as Organist"
schrieb Edward W. Wodson in *The Evening Telegram:*

> *„Glenn Gould is just a child, really, a loose-jointed, gracious, smiling boy*
> *not 13 yet. But he played the organ last evening as many a full-grown con-*
> *cert organist couldn't if he tried. A genius he is, with the modesty that only*
> *true genius knows. He played the first and last movements of Mendels-*
> *sohn's last organ sonata, a movement from a Dupuis concerto, a Bach fugue*
> *and for an encore, a Bach prelude. From start to finish and in every detail*
> *his playing had the fearless authority and finesse of a master...*
> *He was never at fault. He played Mendelssohn's chorale and lovely varia-*
> *tions as only a great artist could... His feet were as agile as his hands. The*
> *Bach G Minor Fugue was pedalled as clearly as a song... Not only astonish-*
> *ing technique but interpretive intuition is his in full maturity. He touches*
> *the organ with all the reverence it demands. It was a privilege to hear and*
> *watch him last evening."[14])*

Noch nicht vierzehnjährig trat Gould zum ersten Mal als Solist mit
Orchester auf: Am 8. Mai 1946, anläßlich eines Konzerts des *Royal
Conservatory* in der Massey Hall in Toronto. Er eröffnete den
Abend mit dem ersten Satz des vierten Klavierkonzerts von Lud-
wig van Beethoven. In seiner schalkhaften Art hat er uns dieses für
den jungen Glenn so bedeutende Ereignis berichtet: Nur wenige
Proben hätte er nötig gehabt, da er seit zwei Jahren eine Aufnahme
dieses Konzerts mit Schnabel und dem Chicago Symphony Orche-
stra unter Frederick Stock besaß – und, wie er erzählt, Schnabels
Spielweise bis in jede Nuance imitieren konnte. Die regelmäßigen
Stops nach vier Minuten und fünfundzwanzig Sekunden – wäh-

rend die nächste 78er-Scheibe auf den Plattenteller fiel – ließen ihn nicht nur regelmäßig zu einem „graceful cadential halt" gleiten, sondern wurden ihm zu formalen „beethovianischen" Akzenten des Werkes selbst. Und noch heute, fügt er schelmisch hinzu, könne er eine Aufführung nicht akzeptieren, die diese – ehemals technisch bedingten – Einschnitte nicht wenigstens in einer Art „hommage" betont. Wenn man davon absieht, meint er, daß das Orchester trotz der Proben gerade jene Einschnitte nicht ganz hinbekam, sei er doch sehr zufrieden – und auch die Presse sei „quite kind" gewesen. Die eine abweichende Kritik im *Toronto Globe and Mail* hat Gould, in eigenem Witz verpackt, nur halbwegs richtig und so, wie er es damals wohl gerne verstanden hat – zitiert:

„Who does the kid think he is, Schnabel"?[15])

Im darauffolgenden Jahr, am 14. Januar 1947, spielte er das ganze Konzert mit dem Toronto Symphony Orchestra unter dem australischen Dirigenten Bernard Heinze in der Massey Hall. Hier zwei Reaktionen von Kritikern: Pearl McCarthy schrieb in *The Globe and Mail*:

„... Unfortunately, the young artist showed some incipient mannerisms and limited his self-control to the periods when he himself was playing. As he approaches adult status, he will undoubtedly learn to suppress this disturbing fidgeting while his collaborators are at work."[16])

Edward W. Wodson hatte eher Ohren für Goulds Musik – gemäß der Bestimmung eines Musikkritikers – als Augen für sein äußeres Gebaren:

„...Phrase after phrase of loveliest pianism would answer orchestral finesse with a solo artistry no less masterly... It was a joy to hear his beautiful playing and to see him so modest and so utterly self-forgetful."[17])

Im selben Jahr spielte er sein erstes Solokonzert im Royal Conservatory of Music of Toronto. Auf dem Programm standen nach seiner Erinnerung Fugen von Bach, dann Haydn, Beethoven und Mendelssohn. Zeigte Gould Nervosität? Er will keine verspürt haben – ein Phänomen, das ihn während seiner ganzen Laufbahn begleitete. Er war damals noch nicht fünfzehn Jahre alt.

Der erste öffentliche Klavierabend im strengeren Sinn fand am 20. Oktober 1947 im Eaton Auditorium statt. Der Impressario war Walter Homburger, der bis 1967 Goulds Manager bleiben sollte. Wodson, offensichtlich ein großer Bewunderer des jungen Pianisten, schrieb zu Goulds Scarlatti-Spiel im *Toronto Telegram:*

> *„Glenn Gould made every note a gem of loveliness. Scales at all sorts of speed were singing things of many-shaded beauty... Genius as profound as their own was at the keyboard."[18])*

Augustus Bridle, der sich schon bei der Aufführung des vierten Klavierkonzerts von Beethoven – das ihm in der Erinnerung kurzerhand zu einem Allegro moderato einer Klaviersonate wurde – über das kindische Benehmen des jungen Pianisten mokiert hatte, waren auch diesmal Goulds Manieren ein Dorn im Auge. Wohl auch an diesem Abend nicht ganz auf der Höhe, ließ ihn abermals das Gedächtnis in seiner Schilderung im *Toronto Globe and Mail* im Stich: Eine „Beethoven-Sonata op. 37", die er gehört haben will, muß erst noch komponiert werden. Während er damals verärgert nach Hause ging, als Gould, vom Publikum dreimal vor den Vorhang gerufen und für dieses nur ein steifes Kopfnicken übrig hatte, ließ Bridle sich diesmal wohl allzusehr von dessen „spiderlike fingers" und den „flexible rubberish wrists" ablenken. Wie konnte es sich dieser Gould auch erlauben, mit einer „infallible accuracy and intense finger-technique" jenen „mediaeval (?) Italian" Scarlatti zu „quälen" („tantalize") und damit (!) die Zuhörerschaft, besonders die männliche(!?), zu bestürzen? Was für sensible Männer mögen, außer Bridle, noch anwesend gewesen sein? Unverschämt wird er schließlich, wenn er den Vierzehnjährigen mit einem „old man on a music-spree" vergleicht.[19])

Auch in seiner weiteren Laufbahn blieb Gould – wie jeder vor Publikum auftretende Künstler – vor solcherart unqualifizierter Kritik nicht verschont. Da er durch seine unkonventionelle Art – im Auftreten und in der Interpretation – mehr Angriffsflächen bot als jeder andere, wählte mancher Kritiker wohl häufiger ein Vokabular, das jenseits der wünschenswerten Seriosität lag. In seinem „Nachruf" auf den Künstler machte Knut Franke seinem Ärger

Luft: Er spricht vom Herunterrammeln einer Sonate, vom zerschundenen Beethoven und von den ästhetischen Scherben, die das Genie mit genialischem Potential in der Geschichte hinterlasse.[20]) Gould hätte auf solche Kommentare sicherlich nur mit einem amüsierten Lächeln reagiert – vielleicht war ihm die Provokation tatsächlich eine Lust – und kann nicht jeder selbst entscheiden, ob er sich provozieren lassen will? Betroffen macht jedoch die Tatsache, wie borniert auf vorgefaßten Meinungen insistiert wird und solche aus dem üblichen Schema ausbrechenden Interpretationen häufig nicht auf ihre andersartige musikalische Aussage hin betrachtet werden.

Am 24. Dezember 1950 spielte Gould zum ersten Mal im Rundfunk, die Klaviersonate in B-dur KV 281 von Mozart und die Klaviersonate Nr. 3 von Hindemith. Nach seinen Worten begann mit diesem Konzert die Vorliebe für Studios und seine technischen Apparaturen. Damit tat sich dem Pianisten eine Welt auf, die er bis zu seinem Tod mit all ihren Möglichkeiten und Finessen ausschöpfte.

Bis zu seinem zwanzigsten Lebensjahr hatte Gould vier oder fünfmal mit dem Toronto Symphony Orchestra konzertiert, zweimal mit dem Royal Conservatory Orchestra, je einmal mit den Orchestern von Hamilton, Ontario und Vancouver, British Columbia und sieben oder acht Rundfunkkonzerte gegeben. Eine Tournee führte ihn in die westlichen Provinzen, eine weitere durch Kanada war geplant.

In diesen Jahren zeichneten sich bereits eindeutig seine Neigungen für bestimmte Komponisten ab und sein musikalischer Geschmack, der von Anfang an wählerisch gewesen war. Er mochte das achtzehnte Jahrhundert – vor allem die Musik Bachs – und das zwanzigste Jahrhundert. Für alles, was sich „romantisch-impressionistisch" nannte, fehlte ihm die Geduld.

Nach seinem Unterricht bei Guerrero, 1952, zog er sich für etwa drei Jahre – mit seltenen Konzertauftritten – fast vollkommen zurück, um hart zu arbeiten und um sich endlich darüber klar zu werden, ob er die Qualitäten und Kraft genug für eine Weltkarriere und einen Pianisten höchsten Ranges besaß.

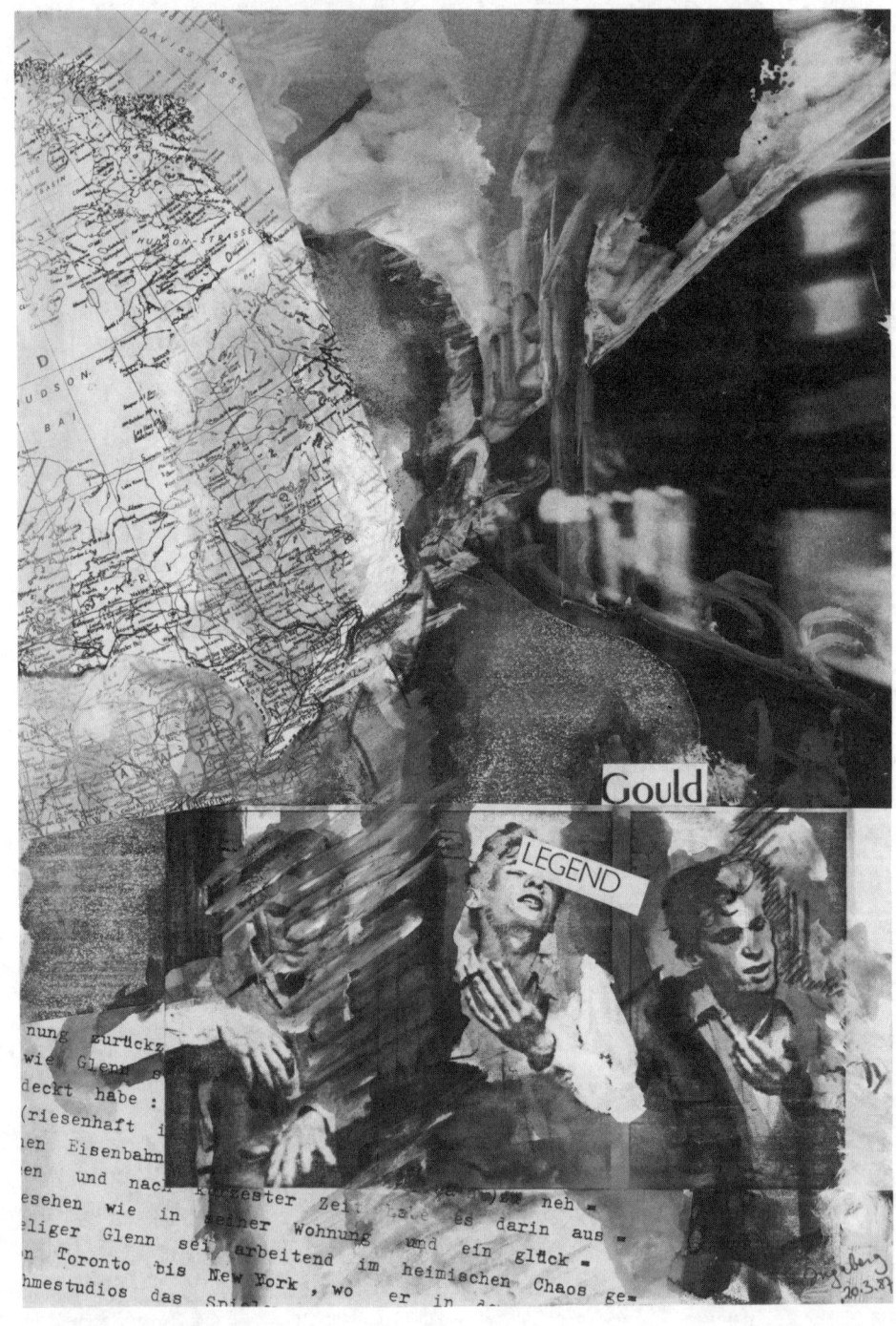

Gould

LEGEND

nung zurückz
wie Glenn s
deckt habe :
(riesenhaft i
en Eisenbahn
en und nach kürzester Zei   neh-
esehen wie in seiner Wohnung   es darin aus-
eliger Glenn sei arbeitend im heimischen Chaos ge-
n Toronto bis New York , wo   er in
hmestudios das Spi

Internationaler Durchbruch

Obwohl Gould selten an die Öffentlichkeit trat, war er inzwischen in Kanada ein bekannter Pianist geworden, und sein Debut in den USA im Jahre 1955 brachte ihm zahlreiche Konzertverpflichtungen im In- und Ausland sowie den Schallplattenvertrag mit CBS ein.

Betrachtet man sein Debut-Programm und vergleicht es mit üblichen Konzertprogrammen der fünfziger Jahre, so muß man die Selbstsicherheit und den Mut dieses jungen Künstlers bewundern. Ein typisches New Yorker Debut-Programm bestand damals aus einer Bach-Transkription, einer Beethoven-Sonate aus der mittleren Periode, einer Komposition von Chopin und einem von Gould zynisch titulierten „percussive Russian crowdpleaser"[1]), etwa von Chatschaturjan oder Prokofieff. Gould eröffnete den ersten Teil des Konzerts mit der Klaviersonate Nr. 30 E-dur op. 109 von Ludwig van Beethoven. Es folgten die Partita Nr. 5 G-dur BWV 829 und fünf dreistimmige Inventionen (e-moll, F-dur, g-moll, B-dur, D-dur) von Johann Sebastian Bach. Nach der Pause standen dann die Variationen op. 27 von Anton Webern und die Sonate op. 1 von Alban Berg auf dem Programm. Das Konzert klang aus mit einigen kurzen Stücken von Orlando Gibbons und Jan Pieters Sweelinck.

Die Partita in G-dur war lange Zeit Goulds Lieblingsstück gewesen, und er nahm sie in sein Debut-Programm auf, obwohl Bachpartiten damals, außer von Myra Hess und Rosalyn Tureck, nur auf dem Cembalo zu Gehör gebracht wurden. Ebenso abwegig war es, als junger Pianist ausgerechnet eine der späten Beethoven-Sonaten auszuwählen, die, nach gängiger Meinung, nur unter den Händen eines an Jahren und Weisheit gereiften Musikers überzeugend gelingen konnten. Die zwei- wie auch die dreistimmigen Inventionen waren damals – wie übrigens auch heute noch – so gut wie nie im Konzertsaal zu hören, handelt es sich doch hier um Stücke, die eher dazu geeignet scheinen, junge Klavierschüler in das polyphone Spiel einzuführen als durch technische Brillanz und Interpretationskunst ein Konzertpublikum zu entzücken. Was nun die Variationen von Webern, ein zwölftoniges Werk in Reihentechnik (1936), und die Sonate von Berg (1907/1908/1920) betrifft, so kann man davon ausgehen, daß nur wenige der Zuhörer diese Komponisten, geschweige denn die Stücke kannten. Mit Gibbons und Sweelinck das Konzert zu beenden, das Publikum mit dieser pianistisch „wenig hergebenden" Musik zu entlassen – wo doch jeder „vernünftige" und an seine Karriere denkende Musiker auftrumpfend noch einmal alle Register seines Könnens gezogen hätte – grenzt schon fast an künstlerischen Selbstmord.

Die Antwort des jungen Gould auf die Frage nach den Gründen dieser Auswahl war kurz und bündig: Er wollte nicht wie jeder andere Debut-Pianist mit donnernden Oktaven beeindrucken, „where they know all about thundering octaves"[2]). Das Programm sollte seine Eigenwilligkeit und seine ganz speziellen Fähigkeiten demonstrieren und das mit Stücken, die er auch gerne spielte. Am 2. Januar 1955 trat Gould mit diesem Programm in der Philips Gallery in Washington, D.C., auf. Tags darauf war in der *Washington Post* zu lesen:

> *„Few pianists play the instrument so beautifully, so lovingly, so musicianly in manner, and with such regard for its real nature and its enormous literature... Glenn Gould is a pianist with rare gifts for the world. It must not long delay hearing and according him the honor and audience he deserves. We know of no pianist anything like him of any age."*[3])

Das für Goulds Karriere entscheidende Debut fand am 11. Januar in der Town Hall von New York statt. 1.300 $ mußte er für das Konzert investieren: 450 $ für die Saalmiete, den Rest für Reklame und ähnliches. Einem Interviewer erzählte er, er sei vor und während des Konzerts vollkommen entspannt gewesen. John Briggs schrieb in der *New York Times:*

> *„...The most rewarding aspect of Mr. Gould's playing, however, is that technique as such is in the background. The impression which is uppermost is not one of virtuosity but of expressiveness. One is able to hear the music."*[4])

Im *Musical Courier* beschreibt derselbe Kritiker speziell die Wirkung der Programmauswahl:

> *„Gould's complete enthralment with the abstract, abstruse beauties of these contrasting works seems to result in a sense of almost other-wordly de-*

dication... and while most pianists should shun baroque music not intended
for the piano, not so Gould, for he grasps its very meaning in such a way that
he quite transcends and obviates questions as to whether the keys he touches
should actuate wind, plectra, or hammers... I can only call him great, and
warn those who have not heard him that he will plunge them into new and
unfamiliar depths of feeling and perception."[5])

Überraschend schnell, nämlich am nächsten Tag, unterzeichnete
Gould einen Vertrag mit Columbia Records (heute CBS). Damit
begann eine ungemein fruchtbare Zusammenarbeit, die bis zu seinem Tod andauern sollte. Darüber, wie es zu diesem raschen Ver-
tragsabschluß kam, existieren verschiedene Berichte. Payzant befragte David Oppenheim, der damals Direktor der Columbia's
Masterworks Division war. Am 10. Januar habe Oppenheim zusammen mit dem Geiger Alexander Schneider in dessen Haus in
New York eine Aufnahme mit Dinu Lipatti gehört und dabei geäußert, er wünschte, es möge noch einen anderen Pianisten dieser
Größe geben, worauf Schneider, der mit Gould Kammermusik gespielt hatte, sagte, es gäbe noch so einen und dieser spiele am folgenden Abend in der Town Hall. Oppenheim, der das Konzert besuchte, habe nach ein paar Akkorden die Außergewöhnlichkeit
dieses Künstlers erkannt und beschlossen, ihm eine Zusammenarbeit anzubieten.[6]) Damit hatte Columbia Records zum ersten Mal
mit einem noch unbekannten und erst am Anfang seiner Karriere
stehenden Musiker einen Vertrag abgeschlossen.
Goulds erste Einspielung unter diesem Vertrag zeitigte Superlative
in den Kritiken und machte ihn über Nacht weltberühmt: seine bereits legendäre Interpretation von Bachs „Goldberg-Variationen".
Der österreichische Pianist Jörg Demus war damals der einzige,
der die Variationen aufgenommen hatte, und zwar bei Westmin-
ster, einer englischen Plattenfirma – allerdings mit wenig Reso-
nanz. Gould erzählt, Columbia habe sich zunächst gegen seinen
Wunsch gesträubt, denn so etwas „Abgelegenes" könne leicht ein
Reinfall werden.

„...but after a while they were convinced this was what I really wanted to
do and they agreed. I thought to myself that any company that big who
would give in so easily on something so outlandish must be OK."[7])

29

Die Aufnahmen fanden im Juni 1955 in den CBS-Studios von New York statt. Die amerikanische Zeitschrift Music Magazine hat einen Bericht von Columbia Records zitiert, den ich dem Leser nicht vorenthalten möchte, da er so eindrucksvoll wie amüsant Goulds Arbeitsweise beschreibt:

„It was a balmy June day, but Gould arrived in coat, beret, muffler and gloves. ‚Equipment‘ consisted of the customary music portfolio, also a batch of towels, two large bottles of spring water, five small bottles of pills (all different colors and prescriptions) and his own special piano chair.

Towels, it developed, were needed in plenty because Glenn soaks his hands and arms up to the elbows in hot water for twenty minutes before sitting down at the keyboard, a procedure which quickly became a convivial group ritual; everyone sat around talking, joking, discussing music, literature and so forth while ‚soaking‘ went on.

Bottled spring water was a necessity because Glenn can't abide New York tap water. Pills were for any number of reasons – headache, relieving tension, maintaining good circulation. The air conditioning engineer worked as hard as the man at the recording studio control panel. Glenn is very sensitive to the slightest changes in temperature, so there was constant adjustment of the vast studio air conditioning system.

But the collapsible chair was the Goldberg (Rube) variation of them all. It's a bridge chair, basically, with each leg adjusted individually for height so that Glenn can lean forward, backward, or to either side. The studio skeptics thought this was wackiness of the highest order until recording got under way. Then they saw Glenn adjust the slant of his chair before doing his slightly incredible cross-hand passages in the Variations, leaning in the direction of the ‚cross‘. The chair was unanimously accepted as a splendid, logical device.

Gould at the keyboard was another phenomenon – sometimes singing along with his piano, sometimes hovering low over the keys, sometimes playing with eyes closed and head flung back. The control-room audience was entranced, and even the air conditioning engineer began to develop a fondness for Bach. Even at record playbacks Glenn was in perpetual motion, conducted rhapsodically, did a veritable ballet to the music. For sustenance he munched arrowroot biscuits, drank skimmed milk, frowned on the recording crew's Hero sandwiches.

After a week of recording, Glenn said he was satisfied with his recording stint, packed up his towels, pills, and bridge chair. He went 'round to shake hands with everyone – the recording director, the engineers, the studio man, the air conditioning engineer. Everybody agreed they would miss the cheerful ‚soaking‘ sessions, the Gould humour and excitement, the pills, the spring water.“ [8])

30

Drei Wochen später war Gould für die Konzertsaison 1956/57 ausgebucht. Die Schallplatte wurde ein Bestseller und bezahlte, wie Gould scherzhaft bemerkte, die Miete für einige Zeit. Innerhalb von vier Jahren waren mehr als 40 000 Platten verkauft, 1980 passierte sie die Hunderttausender-Marke. Siebenundzwanzig Jahre später sollte Gould – kurz vor seinem Tod – die Variationen ein zweites Mal einspielen. In den folgenden Monaten machte er Rundfunkaufnahmen, trat in Konzerten auf und spielte seine zweite Schallplatte mit CBS ein, die drei letzten Beethoven-Sonaten (op. 109, op. 110, op. 111), die sich in einem üblichen „Anfänger"-Repertoire wie Fremdkörper ausnehmen.

Im März 1956 gastierte er mit dem Detroit Symphony Orchestra unter Paul Paray. Zur Aufführung kam Beethovens viertes Klavierkonzert, das er schon als Fünfzehnjähriger vor Publikum gespielt hatte. Knapp ein Jahr später, im Januar 1957, spielte er sein erstes Konzert mit den New Yorker Philharmonikern unter Leonard Bernstein. Auf dem Programm stand das zweite Klavierkonzert von Beethoven.

Am 3. Mai desselben Jahres schließlich brach Gould mit seinem Manager Walter Homburger zu seiner ersten Europatournee auf, die ihn zunächst für zwei Wochen in die Sowjetunion führte und in der Zeit des Kalten Krieges befreiend gewirkt haben muß. Er spielte in Moskau und Leningrad und begann am 7. Mai in Moskau. Zur Aufführung kamen Werke von Johann Sebastian Bach, vier Fugen aus der „Kunst der Fuge" und die Partita Nr. 6 in e-moll, dann Beethovens Klaviersonate op. 109 und Bergs Klaviersonate op. 1 – selbst aus der Sicht der achtziger Jahre ein ungewöhnliches und für manchen Liebhaber von Klavierabenden eher unattraktives Programm. Das russische Publikum und die Presse feierten Gould enthusiastisch:

> *„Der junge, talentierte Künstler hat die Herzen des Moskauer Publikums durch die Gründlichkeit, Reife und Eindringlichkeit des musikalischen Vortrags und durch seine brillante Technik im Sturm erobert."* (Elena Groschewa, Musikkritikerin)
> *„Glenn Goulds Konzerte sind Sternstunden des Leningrader Musiklebens. Hier spielt ein wahrer Meister seines Fachs, ein begabter Musiker, ein aus-*

gezeichneter Pianist. Besonders beeindruckt seine Fähigkeit, das innerste Wesen des vorgetragenen Stückes herauszuarbeiten." (Juri Brajuschkow, Direktor des Leningrader Konservatoriums) „Glenn Gould enthüllt die Poesie der klassischen Stücke und bringt uns die innersten Gedanken des Komponisten näher." (Wadim Solmanow, Komponist) „Wenn Gould spielt, meint man ein ganzes Orchester und nicht ein einzelnes Klavier zu hören." (Pawel Serebraiakow, Klavierprofessor)[9])

Gould freute sich, daß die sowjetischen Kritiker seinen „Exzentrizitäten" so wenig Aufmerksamkeit gezollt hatten.

Bei seinem zweiten Konzert spielte er zusammen mit dem Moskauer Philharmonischen Orchester unter der Leitung von Samuel Samosud das vierte Klavierkonzert von Beethoven. Ein Schatten fiel auf seinen Aufenthalt in der Sowjetunion, als er im Moskauer und Leningrader Konservatorium Werke der Zweiten Wiener Schule spielte und erläuterte, einer Musik, die als imperialistisch und dekadent galt und noch offiziell verpönt war und damit Professoren zum demonstrativen Verlassen der Veranstaltung bewog.[10])

Ende Mai trat Gould in Berlin mit Herbert von Karajan und den Berliner Philharmonikern auf. Er spielte das dritte Klavierkonzert von Beethoven. Ein Kritiker schrieb begeistert:

> *„...Herbert von Karajan beschließt das Konzertjahr mit einem sehr unkonventionellen Abend, der zwischen zwei zeitgenössischen Symphonien ein Beethovensches Klavierkonzert rückt. Unversehens wird dieser Mittelteil zum großen Ereignis, zu einer der seltenen Begegnungen mit dem Genie schlechthin...*
> *Dabei ist dieser Gould ein ringender, eifernder, tausend Passionen des Klangerlebnisses und der physischen Besessenheit durchzitternder Spieler, ein Jüngling in der seltsamen Art von Trance, ein Künstler an der Schwelle von Traum und Realität. Die technischen Fähigkeiten grenzen ans Märchenhafte; Geläufigkeit in beiden Händen, dynamische Vielfalt, Farbenskala des Anschlags haben einen Grad der Meisterschaft, wie er mir seit Busonis Zeiten nicht mehr vorgekommen ist. Ein Wunder, ein Erlebnis, eine Beglückung ohnegleichen, der Erfolg übersteigt alles gewohnte Maß...[11])*

Kann man sich noch ein größeres Lob, eine enthusiastischere Zustimmung für eine künstlerische Darbietung vorstellen? – und das von keinem Geringeren als Hans Heinz Stuckenschmidt, dem gefragtesten Musikschriftsteller und -kritiker der Vor- und Nachkriegsjahre. Das letzte Konzert auf dieser Tournee spielte Gould Anfang Juni in Wien vor einem kleinen, aber stürmisch applaudierenden Publikum, unter dem sich Paul Badura-Skoda, Alfred Brendel und Jörg Demus befanden. Jede Station seiner Reise, jedes Auftreten war ein Erfolg geworden.

In den folgenden Jahren absolvierte Gould eine ganze Reihe von Konzerten. Nur einige wichtige seien hier aufgeführt: Wieder war es das vierte Klavierkonzert von Beethoven, das er im Mai 1958 mit dem Philadelphia Orchestra unter Eugene Ormandy spielte und im August desselben Jahres das Klavierkonzert in d-moll von Bach mit Dimitri Mitropoulos in Salzburg. Noch im Dezember 1958 ging er auf seine zweite Tournee außerhalb Amerikas. Sie führte ihn nach Israel, wo er in achtzehn Tagen elfmal konzertierte, danach wieder nach Deutschland und Österreich, nach Italien, Belgien und Schweden. Eine Ehrung besonderer Art wurde ihm im Februar 1959 zuteil, als ihm das *Committee of the Harriet Cohen Music Award*, London, die „Bach Medal for Pianists" verlieh. Im Mai und Juni des Jahres spielte er vier Klavierkonzerte von Beethoven mit dem London Symphony Orchestra unter Josef Krips; eine Erkrankung verhinderte die Aufführung des „Emperor". Harold Ruthland verdanken wir einige Eindrücke vom dritten Klavierkonzert in c-moll. In der *Musical Times* stand damals zu lesen:

> „...Yes, his manner was unorthodox; not to say eccentric. He sat on an exceptionally low chair with the piano raised on wooden blocks; he almost lay back and crossed his left leg over his right; now and again he sipped a glass of water; and he beat time with his foot. But he came out to the platform quickly, without any fuss, and as soon as the music started his absorption was complete.
>
> One frequently praises a performance for its clarity. Here, however, there was not only what one might call technical clarity (the part-playing was particularly admirable), but extreme clarity of the mind. Gould knew exactly how he wanted to play the Concerto, and he was playing it just like that. Furthermore, to an unusual degree, he was evidently thinking of the solo part as belonging to the whole texture; he listened keenly to the orchestra, which, under Professor Krips, gave him the maximum of cooperation...*[12]*

Man möchte meinen, Gould habe wie ein Besessener geübt. Bereits als Jugendlicher besaß er eine unfehlbare Technik. Um diesen

Stand zu halten, habe es genügt, durchschnittlich eine Stunde am Tag zu üben, vor einem Konzert dann etwas mehr, d.h. wenn man seine Vorbereitung, wie ein Freund erzählt, überhaupt als ernsthaftes Üben bezeichnen kann:

> „...a few measures of a Bach prelude repeated a half dozen times; a passage from one of his own compositions; then he might find a Scarlatti album on top of the piano, and, discovering a sonata he had never seen before, play it through at top speed; then he would burst into the overture to Wagner's Die Meistersinger."[13])

So mag es nicht weiter verwundern, daß er alles, was ihm unter die Finger kam, meisterhaft vom Blatt spielte. Lee Roberts erinnert sich an Goulds erste Begegnung mit Griegs Klavierkonzert. Er habe es, ohne den Blick von der Partitur zu wenden, in äußerstem Tempo von Anfang bis Ende bravourös durchgespielt. Auf die Frage des Freundes wie so etwas möglich sei, habe er geantwortet:

> „I never look at the battlefield."[14])

Nachdem das kanadische Fernsehen bereits seit geraumer Zeit regelmäßig Goulds "Talk-and-Play-Shows" sendete, trat er 1960 auch in den USA mit Leonard Bernstein und den New Yorker Philharmonikern auf. In den Jahren 1963 und 1964 kam als neue Aktivität seine Lehrtätigkeit an verschiedenen akademischen Institutionen hinzu. Er hielt Vorlesungen am Gardner Museum in Boston, an den Universitäten von Cincinnati, Wisconsin und Toronto, sowie am Hunter College und am Wellesley College. Die Universität seiner Vaterstadt Toronto ehrte ihn im Juni 1964 mit der Verleihung der Ehrendoktorwürde, zu einem Klaviervortrag Goulds, dem von allen Beteiligten mit Spannung erwarteten Höhepunkt der Zeremonie, kam es jedoch nicht: Er trat nur als Redner auf! Bereits Monate zuvor hatte er sich stillschweigend aus dem Konzertleben zurückgezogen. Damit hatte sein letztes öffentliches Auftreten als Pianist am 28. März 1964 in der Orchestra Hall in Chicago stattgefunden. Er spielte:

J. S. Bach	Fugen aus der „Kunst der Fuge"
	Partita Nr. 4 D-dur BWV 828
L. v. Beethoven	Klaviersonate Nr. 31 As-dur op. 110
E. Krenek	Klaviersonate Nr. 3

Rücktritt und öffentliches Musikleben

Goulds Rücktritt vom Podium, nach einer künstlerischen Karriere von knapp zehn Jahren, steht in direktem Zusammenhang mit seinen Erfahrungen als reisender Konzertpianist und seiner Haltung zur gegenwärtigen Situation in den Konzertsälen. So sagte er 1967, drei Jahre nach seinem letzten Konzert:

> *„Except for a few octagenarians, I'm really the first person who has, short of having a nervous collapse or something, given up the stage."[1])*

Der Grund für diese Entscheidung lag nicht daran, daß er zu wenig gefragt war. Ganz im Gegenteil: 1964 war er der „Superstar" mit stets ausverkauften Häusern und zahlreichen Konzertangeboten, die er nur zum Teil wahrnehmen konnte. Er fand sein Leben scheußlich, fühlte sich vom Publikum, das ihn nicht inspirieren konnte und ihm mit seiner außermusikalischen Hysterie schrecklich auf die Nerven ging, zu einem „Vaudevillian" (Varietékünstler) herabgewürdigt. Sein Entschluß, nie mehr live vor Publikum zu spielen, ist, wie Gerhard R. Koch schreibt, „moralisch"[2]) – und, wenn man so will, mit dem Hinweis auf das eigene Selbstwertgefühl – begründet. Er wollte sich nicht mehr für eine Sache, deren Nutzen ihm wohl im Laufe seiner Auftritte immer zweifelhafter geworden war, vermarkten und verbrauchen, sich nicht zwischen den beiden Polen Veranstalter und Publikum zerreiben lassen.

> *„Konzerte sind für ihn auch Manifestationen eines bösen Herdentriebs, des Profitstrebens und der Sensationsgier des Publikums..."[3])*

Gould stimmte hier mit Debussy überein:

> *„The attraction of the virtuoso for the public is very like that of a circus for the crowd. There is always a hope that something dangerous may happen."[4])*

Erwartet werde der exhibitionistische Fingerakrobat und – insgeheim und in schadenfroher Vorfreude –, die „Panne"[5]). Übertrieben? – vielleicht, aber im Grunde genommen formuliert Debussy das, was die vorübergehende Bühnenflucht von vielen berühmten

Pianisten – Gulda, Michelangeli, Richter, Horowitz, Pollini – veranlaßt haben mag. Wer ist schon imstande, unbeschadet den permanenten Anforderungen nach absoluter Perfektion und steter Höchstleistung gerecht zu werden? Müht man sich nicht allzu häufig für ein Publikum ab, das sich, zu differenzierter Musikrezeptivität unfähig, nach der Musikkritik richtet und in dem ein Richard Claydermann dieselben Glücksgefühle auszulösen vermag? Als ehemaliges Mitglied einer Hochschule für Musik erlebte ich immer wieder sensible Künstlernaturen, die von Anfang an zum Scheitern verurteilt waren, nicht wegen zu geringer Begabung und Disziplin, sondern wegen psychischer Labilität oder mangelndem Durchstehvermögen für derlei Kraftakte. Die Erwartungen des Hörers sind inzwischen, bedingt durch die fehlerfreien, aus verschiedenen „Takes" zusammengesetzten Schallplattenaufnahmen, so hochgeschraubt, daß kein Live-Konzert einen auch nur annähernden Grad dieser Perfektion bieten kann. Nicht Angst war es, die Gould auch aus diesem Grund den Konzertsaal meiden ließ, sondern seine eigene Unzufriedenheit mit den Bedingungen auf der Bühne. Im Konzert hat der Musiker nur diese eine Chance. Er kann sein Spiel nicht unterbrechen und sagen: „Erlauben Sie mir, daß ich diese Passage noch einmal versuche." Gould nannte das „nontake-twoness" (die Unmöglichkeit eines zweiten Versuchs)[6]).

Als ernsthafter Künstler, der an seine eigenen Leistungen allerhöchste Maßstäbe anlegte, sah sich der konzertierende Gould plötzlich in Konkurrenz zu der ausgefeilten Präzision seiner eigenen Plattenaufnahmen:

„One was forced to compete with oneself." „Because I couldn't do as well, those futile concerts reduced my inclination to practice to nil."[7])

Wer sich diesem ungleichen Wettbewerb nicht unterwirft, muß gezwungenermaßen zu jenen „crowd-pleasers" greifen, um das Publikum anderweitig zu beeindrucken. Das Streben nach persönlicher Zurschaustellung fördert geradezu theatralische Effekte. Gould verwies auf seine Einspielung der Partita Nr. 5 von Bach vom Juli 1957, die er am liebsten hätte ungeschehen machen wollen. Um das Stück in den überfüllten Konzertsälen seiner Europa-

tournee wirksam zu reproduzieren, habe er einen faulen Kompro-
miß eingehen müssen und sich effekthaschender Mittel – expressi-
ver Dynamik, Rubati und anderer Kunstkniffe – bedient, „perver-
sions", wie er sie nannte. Von dem Moment an, als Gould die Qua-
litätssteigerung durch die Technik erkannte und mit ihrer Hilfe die
Möglichkeit zur „ideal performance", kam ihm sein eigenes Tun
lächerlich und uninteressant vor. Auch von der Knechtschaft einer
kleinen Anzahl von Stücken und dem Druck des Gefallenmüssens
befreie der Rückzug vom Podium:

> *A tremendous conservatism takes over the concert performer – he's afraid*
> *to try out the Beethoven Fourth, if the Beethoven Third happens to have*
> *been his specialty.*"[8])

Der Musiker könne sich so weniger bekannten Stücken zuwenden,
ganz andere Bereiche kennenlernen und damit auch den Bedarf der
Schallplattenindustrie decken, – die beispielsweise an Barockmusik chronischen Mangel leidet:

> „*He should be permitted to operate in secret, as it were, unconcerned with*
> *– or better still, unaware of – the presumed demands of the marketplace –*
> *which demands, given sufficient indifference on the part of a sufficient*
> *number of artists, will simply disappear. And given their disappearance, the*
> *artist will then abandon his false sense of ,public' responsibility, and his*
> *,public' will relinquish its role of servile dependency.*"[9])

Vielleicht wäre es dem Publikum gegenüber ehrlicher – für die
künstlerische Entfaltung des Musikers ohnedies zuträglicher –,
wenn er seine Energie nicht nur auf ein paar Werke beschränken
müßte, um sie ständig konzertreif zu beherrschen. Mitunter aber
griff Gould in seinen Rechtfertigungsversuchen für den Bühnen-
rückzug auch zu dubiosen „Argumenten":

> „*A great deal of the music that I would play if I, in fact, gave concerts...*
> *would be music not written for an auditorium seating two or three thou-*
> *sand people; it would be music of Bach or Mozart or Beethoven, written for*
> *palaces or churches or homes. And why on earth should I try to play this in*
> *an auditorium that seats two or three thousand people?*"[10])

Ausgerechnet Glenn Gould, der dem interpretierenden Künstler
so große Freiheiten zugestand, spricht hier einer „werkgerechten",
weil in der Entstehungszeit üblichen, Aufführungspraxis das

37

Wort. Sehen wir einmal von der völlig irrationalen Frage ab, warum Bach, Mozart oder Beethoven etwas gegen eine Aufführung ihrer Musik in größerem Rahmen gehabt haben sollten, so wollen wir hier doch ketzerisch einwerfen: Bachs Musik ist eigentlich auch nicht für den modernen Konzertflügel komponiert, auf dem sie Gould mit Vorliebe zu spielen pflegte!

Introvertiertheit und Publikumsscheu, die Koch Gould attestiert[11]), scheinen hinter vielen dieser Argumente durch, trotzdem lassen sie sich nicht einfach vom Tisch wischen! Mag man Goulds Rückzug vom Standpunkt des Live-Erlebnisses her bedauern, so wäre das anstrengende und unstete Leben eines Konzertreisenden seiner labilen Gesundheit ohnehin nicht zuträglich gewesen. Er verabscheute das Fliegen und lehnte sogar ein Angebot des London Symphony Orchestra ab, weil er zu einer Atlantik-Überquerung mit dem Schiff nicht zu bewegen war. Mehr noch aber mögen ihn seine eigentlichen Ambitionen und Interessen zu diesem Schritt bewogen haben. Noch 1956 schien ihm das Klavier ein probates Mittel zum Zweck zu sein:

„The piano is a convenient way to make enough money so I can afford to compose. In ten or fifteen years I want to be known primarily as a composer, not a pianist."[12])

Er wollte Zeit haben zum Komponieren, Schreiben und Experimentieren mit den technischen Möglichkeiten im Studio. Goulds Engagement und Produktivität auf diesen Gebieten hat bei seinen Anhängern letztlich auch nie Zweifel an der Richtigkeit dieser Entscheidung aufkommen lassen. Wenn ich richtig gezählt habe, so hat uns Gould dreiundfünfzig rhetorisch geschliffene Aufsätze und Essays hinterlassen, die manchmal sehr irdische Themen aufs Korn nehmen und durch ihre geistreiche, mitunter sarkastische und humorvolle Ausdrucksweise Vergnügen bereiten. Was er zu sagen hatte, tat er mit einer Direktheit und Logik, die Aufmerksamkeit erzwingt. Er schrieb über Bach, Mozart und Richard Strauss, Hindemith, Schönberg und Krenek, aber auch über die Technologie im Aufnahmestudio. Er verfaßte psychologische Studien über den Musikrezipienten, schrieb Buchrezensionen, Be-

gleittexte zu vielen seiner Platten und anderes mehr. In dem Zeit-
raum von 1953 bis kurz vor seinem Tod entstand die beachtliche
Anzahl von etwa achtzig Schallplatteneinspielungen, davon allein
sechsundzwanzig mit Werken von J.S. Bach. Es finden sich auch
Raritäten darunter: Anhalt, Bizet, Byrd und Gibbons, Grieg,
Hetu, Morawetz und Krenek, Sibelius, Strauss und Taneieff. Von
seinen Kompositionen sticht vor allem das 1956 entstandene
Streichquartett op. 1 heraus, ein romantisches einsätziges Werk
von etwa fünfundzwanzig Minuten Dauer. An einzelnen Akkor-
den soll Gould einen ganzen Tag gefeilt haben. Insgesamt arbeitete
er zweieinhalb Jahre daran. CBS hat es mit dem Montreal String
Quartet auf Platte gepreßt.[13]) 1958 komponierte er Kadenzen zu
Beethovens erstem Klavierkonzert, 1964 "So You Want to Write a
Fugue?", ein musikalischer Spaß für vier gemischte Stimmen mit
Klavier- oder Streichquartettbegleitung. Das Stück erschien zum
ersten Mal auf Glenn Goulds "Silver Jubilee Album".[14]) Für
"Slaughterhouse", "Five" und "The Wars" schrieb er die Filmmu-
sik. Darüber hinaus wirkte er in zahlreichen Rundfunk- und Fernsehproduktionen mit (z.B. "Musicamera", "Music in Our Time").
1979 drehte er zusammen mit John McGreevy einen Film über
seine Heimatstadt Toronto, Teil der Serie "Cities".
Gould scheute Konzertbesuche. Er fühlte sich im Zuschauerraum
äußerst unwohl und bekam Klaustrophobie. Für das Konzertpublikum hatte er nicht viel übrig und kanzelte es giftig ab als „people
sitting there with the perspiration of two thousand, nine hundred
and ninety-nine others penetrating their nostrils".[15]) In den Tagen
seiner Konzertauftritte verbarg er diese Abneigung hinter „an atti-
tude of healthy indifference".[16])
Er behauptete, nur für sich selbst und zum eigenen Vergnügen zu
spielen, gleichgültig ob jemand zuhörte oder nicht. Diese bewußt
angestrebte Distanz, die ihn für Auftritte vor großen Menschen-
mengen nicht geeignet machte – der Situation sogar einen perver-
sen Anstrich gab –, teilte er wohl mit nicht vielen seiner Kollegen.
Stokowski fühlte sich erst durch die knisternde, aufputschende Atmosphäre im Konzertsaal zu Höchstleistungen angespornt und
auch Menuhin und Rubinstein brauchten diese stimulierende Wir-

kung. Gould hatte sicherlich nicht ganz unberechtigte Zweifel an der Loyalität seines Publikums: Oft genug hatten sich die Zuhörer weniger für die Musik als für seine Bühnen-Manierismen interessiert. Zugegeben, er gab dazu genügend Anlaß – und auch der willigste Geist läßt sich nur allzu gerne von den Sinnen ablenken! Ich habe Gould nur noch im Fernsehen erlebt, somit aus der verzerrenden Sicht dieses Mediums, das ja in erster Linie das Auge und weniger das Ohr anspricht. Die Gestik und das Mienenspiel des konzentriert musizierenden Künstlers in Großaufnahme vor sich zu sehen, macht es verständlicherweise schwierig, sich nicht durch visuelle Eindrücke ablenken zu lassen. Im Konzertsaal sind natürlich nur wenige so drastisch damit konfrontiert – aber gerade auch solche, die Angriffsflächen suchen. Erinnern wir uns an im ersten Kapitel zitierte Musikkritiker! Sie liefen häufig Gefahr, diese Konzerte mit einer Ein-Mann-Bühnenshow zu verwechseln – und der Schwerpunkt ihrer Berichterstattung galt, wie wir gehört haben, dem vermeintlichen Schauspieler Gould.

Anfang der siebziger Jahre hat Gould in einem Interview mit Humphrey Burton noch einen weiteren Grund für seinen Rückzug genannt: Den völlig veränderten Musikkonsum des Publikums, das vermittels der bereits bestehenden und noch kommenden technischen Möglichkeiten die Wiedergabe musikalischer Aufnahmen in fast kreativer Weise abändern kann – und deshalb dem Konzertsaal den Rücken kehren wird. Um ein wenig den Gedankengang Goulds und auch seine Argumentierweise zu vergegenwärtigen, möchte ich das Interview im Auszug zitieren:

H.B.: Die Arbeit im Aufnahmestudio macht Ihnen Spaß?

G.G.: Es ist die einzige Form der Arbeit, die mich noch interessiert.

H.B.: Soll das heißen, daß Sie keine Konzerte mehr geben wollen?

G.G.: Mein letztes öffentliches Konzert liegt jetzt etwa neun Jahre zurück.

H.B.: Was reizt Sie so an den technischen Medien?

G.G.: Ihnen gehört ganz einfach die Zukunft. Die Zukunft der Musik, die Zukunft des Interpreten und die Zukunft des Komponisten. Auch die Zukunft des Musikhörens.

H.B.: Das sind ja ziemlich gewagte Behauptungen...

G.G.: ...die ich gerne beweisen will. Der Konzertsaal ist tot, mausetot.

H.B.: In der London Festival Hall und im New Yorker Lincoln-Center floriert aber das Konzertleben noch ganz gut.

G.G.: Noch. Die Frage ist, wie es im Jahre 1999 damit aussieht. Ich möchte meine Hand dafür nicht ins Feuer legen.

H.B.: Glauben Sie, daß niemand mehr Tschaikowsky hören will?

G.G.: Ich hoffe nicht, daß es 1999 noch ein Tschaikowsky-Publikum gibt. Das wäre eine Absurdität.

H.B.: Was wollen Sie damit sagen?

G.G.: Ich will damit sagen, daß wir uns auf dem Gebiet der Musik in einem Übergangsstadium befinden, in einer Entwicklung, deren Konsequenzen sich nicht nur auf das Komponieren und Spielen, sondern vor allem auch auf das Hören von Musik auswirken. Wir müssen den Zuhörer als das akzeptieren, was er in Wirklichkeit ist, nämlich das A und O all unserer Bemühungen. Meiner Meinung nach ist sich das Publikum zum ersten Mal seit der Renaissance dieser Situation und der daraus resultierenden Machtposition bewußt geworden.

H.B.: Und worin liegt diese Macht?

G.G.: Sie liegt in der Möglichkeit, Entscheidungen zu treffen, Entscheidungen, die bislang allein dem Komponisten und Interpreten überlassen blieben. Denken Sie einmal an den Hörer, der zu Hause vor seiner Stereo-Apparatur sitzt, vor einem Mechanismus, der von Jahr zu Jahr komplizierter wird.

Durch einfaches Knopfdrehen an seinem Steuergerät oder Verstärker bewirkt er Entscheidungen und Veränderungen des Klangbilds, die man früher als schlechthin ungeheuerlich bezeichnet hätte. Er übernimmt Funktionen, die man normalerweise einem Instrumentalisten oder Dirigenten zuordnet. Er wird bis zu einem gewissen Grade selbst zum Interpreten, der über Klangfarbe, über Transparenz und Balance entscheidet. Er tut in etwa das, was ich beispielsweise mache, wenn ich sage: dieser Flügel ist gut für Richard Strauss, eignet sich aber nicht für Bach oder umgekehrt. Er sagt sich, wenn ich Bach höre, dann gebe ich mehr Höhen zu, damit die Klarheit der Musik zur Geltung kommt. Oder: für Strauss brauche ich ein breites Klangspektrum mit viel mittleren und tiefen Frequenzen.

Nun werden Sie wahrscheinlich sagen: ist der Durchschnittshörer überhaupt qualifiziert, solche Entscheidungen zu treffen? Ich meine: ja. Entweder er hat die Voraussetzungen dafür oder er kann sie sich leicht aneignen. Auf jeden Fall hat er seine Chance erkannt und wird in Zukunft davon Gebrauch machen.

H.B.: Sie wollen mir doch nicht weismachen, der Hörer könne oder solle in Zukunft auch darüber entscheiden, in welchem Tempo ein Stück gespielt wird?

G.G.: Warum nicht? Es gibt ja Plattenspieler, die sich auf jede beliebige Umdrehungszahl zwischen 33 und 78 einstellen lassen. Wer Lust hat, kann eine Beethoven-Sinfonie so reproduzieren, als würde sie von einer Beat-Gruppe oder einem Micky-Maus-Orchester gespielt. Natürlich klingt das ein wenig absurd. Ich sage ja auch nur, man kann, wenn man will.

H.B.: Ich will aber Klemperers Beethoven hören, nicht meinen eigenen.

G.G.: Warum? Stimmt etwas nicht mit Ihrem eigenen Beethoven?

H.B.: Klemperer hat doch mehr Erfahrung.

G.G.: Erfahrung? Schließlich kommt es doch darauf an, was Ihnen gefällt.

H.B.: Warum sollten mir Interpretationen vom Range eines Klemperer oder Furtwängler nicht besser gefallen?

G.G.: Lassen wir das. Vergessen Sie Ihren eigenen Beethoven und überlegen einmal, ob es nicht reizvoll wäre, Klemperers Beethoven ein wenig mit Bruno Walters Beethoven zu mixen? Oder wie wäre es mit einer Klemperer-Szell-Bernstein-Mischung?

H.B.: Ich sehe keinen Sinn darin. Ich genieße lieber separat.

42

G.G.: Sie halten also den Interpreten für eine Art unfehlbaren Sendboten des Komponisten. Ich bin da anderer Meinung! Es war eine große Katastrophe für die Musik, als sich im 18. Jahrhundert eine Trennung Interpret-Komponist herausbildete.

Wer sich damit abfindet und behauptet, die Zeiten seien vorbei, in denen die Interpreten mit dem Einfühlungsvermögen von Komponisten spielten, in denen auch das Publikum fachmännisch und kreativ reagiert – der kann auch ebensogut sagen, mit der Musik sei es nun endgültig aus. Ich weiß, daß es Leute gibt, die fest davon überzeugt sind. Ich verstehe ihre Befürchtungen, bin aber nicht ganz so pessimistisch.

H.B.: Räumen wir also dem Hörer eine nachschöpferische Funktion ein. Obwohl mir bei der Vorstellung von knopfdrehenden High-Fidelity-Fans graust.

G.G.: Ob Ihnen graust oder nicht, die Leute drehen an ihren Geräten herum. Vielleicht sogar jetzt, während wir uns hier unterhalten.[17])

Ohne Goulds Aussagen, die zum Streitgespräch geradezu herausfordern, im einzelnen diskutieren zu wollen, seien hier doch einige Einwände vorgebracht: Gould ist im Grunde den Beweis für seine Behauptung schuldig geblieben, die technischen Medien würden das Hörerverhalten und den Konzertbetrieb gravierend verändern. Wir müssen ihm natürlich recht geben, daß die Technik der Abspielgeräte bereits heute individuelle klangliche Verfärbungen und Manipulationen möglich macht. Aber kann nicht jede technische Wiedergabe nur ein mehr oder weniger überzeugender akustischer Abglanz des originalen Live-Erlebnisses sein? Eine vom Hörer nicht veränderbare und wohl äußerst unbefriedigende Rezeptionsweise hat es nur mit dem allerersten Reproduktionsgerät gegeben; mit jedem weiter entwickelten Gerät und jedem zusätzlichen Knopf boten sich neue Klangvarianten. Wie groß aber kann nun der Prozentsatz jenes Hörerkreises sein, der solch eine angesprochene „Klemperer-Szell-Bernstein-Mischung" erzeugen will – weil ihm das am besten gefällt? Warum gesteht Gould einem so individuell arbeitenden Mixer-Zuhörer eher Rechte zu als dem genießenden Rezipienten der ebenso individuellen Klemperer-Version? Burton hat dem Interpreten auch in keiner Weise Unfehlbarkeit beschieden, wie ihm Gould vorwirft, sondern sinnigerweise dessen Kompetenz vor die eigene Manipulierfähigkeit gestellt. Die „große Katastrophe" nun, die Gould in der Trennung vom Interpreten und Komponisten seit dem achtzehnten Jahrhundert sieht, kann man als Rezipient der verschiedenen historischen Äußerungsakte unserer Vorfahren kaum nachempfinden. Wie arm wären wir, wenn das Werk eines Künstlers mit seinem Tod tabu würde! Wie wenig „fachmännisch und kreativ" das Publikum früherer Tage reagiert hat, wissen wir aus unzähligen Zeugnissen der Musikgeschichte. Hätte da nicht auch Gould konsequenterweise nur eigene Kompositionen vortragen sollen?

„Lassen wir das!" – und wechseln wir die Szene: Konferenz des internationalen Musikrats, Rotterdam. Eine hitzige Diskussion über einen kanadischen Pianisten ist im Gange. Ein erregter englischer Cembalist fordert gerade eine Antwort auf seine Frage, ob sich die Mitglieder dieses erlauchten Kreises auch darüber im klaren seien, daß dieser übergeschnappte Klavierspieler – die Worte kommen nur mit Mühe über seine Lippen – das Ende der Konzerttradition prophezeit hat. Augenblicklich bricht die Hölle los. Tumult im Saal und auf den Rängen – ein internationaler Skandal scheint sich anzubahnen... So oder zumindest so ähnlich mag es gewesen sein. Dieser Zwischenfall war nicht die einzige heftige Reaktion, nachdem Goulds Ansichten über die Zukunftschancen des öffentlichen Musikwesens bekannt geworden waren. Auf der ganzen Welt wurde lebhaft debattiert. Vielleicht war es seine tiefe Abneigung gegen das Konzertieren und seine Begleiterscheinungen, die ihn zu dieser bissigen Todesvoraussage hingerissen haben.

Will er etwa in jenen Profithaien, Pannenlauerern, tauben Kritikern und Mumien im Pelz den prognostizierten Tod des Konzertsaals erkennen? Wohl nicht, die hat es zu allen Zeiten gegeben – und gerade diese Schicht erhält ihn vielleicht am Leben! Dieserart Konzertgänger werden kaum an ihren neuen kreativitätsfördernden Geräten herumdrehen, sondern weiterhin in Konzerte laufen – wäre ihnen doch damit der Boden für ihre eigentlichen Interessen entzogen! Wer ist also gemeint? Sollte etwa der wahre Freund von Live-Veranstaltungen wegbleiben? Mag auch die technische Entwicklung immer gravierendere Eingriffe in die „Bearbeitung" von Musik ermöglichen, den Tod des Live-Konzerts wird sie sicherlich nicht bewirken. Gould selbst hatte das denkbar beste Verhältnis zur Studiotechnik, worüber das nächste Kapitel berichtet. Sein Glaube an die „grenzenlosen Möglichkeiten" der Technik hat ihn vielleicht zwangsläufig zu seinen Prophezeiungen veranlaßt, verbunden mit einem – aus meiner Sicht – naiven Vertrauen in die Fähigkeiten des Hörers. Wir dürfen auch nicht vergessen, daß solche, von Gould bis ins kleinste technisch ausgetüftelten Arbeiten letztendlich dem Abspielenden in die Hände fallen und, wie alle anderen Aufnahmen, von diesem manipulierbar sind! Eher zu fürchten als zu begrüßen wären dann – so gesehen – die neuen Hörergewohnheiten. Betrachten wir aus dem Interview den für uns interessanten Aspekt: Goulds immenses Interesse für die neue Technologie als unumgängliche Grundlage seines Musikmachens ist – unabhängig von seinen Begründungsversuchen – letzten Endes Teil seines Ausdruckswillens und -vermögens. Die Ergebnisse seiner intensiven Beschäftigung mit den modernen Interpretations- und Reproduktionsmitteln sind von uns zu bewerten – und sie bestehen den Test! Vielleicht aber sollten wir das ganze Interview – wie viele seiner anderen – eher auf eine eigene Gould- statt eine Goldwaage legen; vielleicht wollte er wieder nur provozieren – vielleicht nur flachsen?

„A Philosophy of Recording"

Die Arbeit im Studio „ist die einzige Form der Arbeit, die mich noch interessiert"[1]) hat Gould dem Interviewer Humphrey Burton geantwortet und diesem Interesse verdanken wir die wohl spektakulärsten Plattenaufnahmen dieses Jahrhunderts. Fast möchte ich sagen, er hat uns mit seiner Studioarbeit den Wert von Schallplatten erst erkennen lassen.

Die technischen Möglichkeiten des Studios zu nutzen, war mehr als nur Goulds Arbeitsmethode, es war auch mehr als nur eine Antriebsfeder für sein Musikschaffen – es war vielmehr der Grundgedanke seiner Lebensphilosophie: Ein Musikmachen – ob als Komponist oder Interpret – ohne moderne Technologie habe keinen Sinn! Wenn er über Stokowski berichtet:

> *„He was, indeed, the first great musician to realize that the future of music would be inextricably bound up with technological progress, and that the communications media were in fact the best friends that music ever had",[2])*

so deckt er hier in der Anerkennung eines Kollegen in erster Linie sein starkes Interesse an der Musiktechnologie und den Medien auf – ein Interesse, das wir ihm aufgrund seiner Ergebnisse gerne zugestehen, machte es doch den – wie er sich selbst nannte – „Konzertabtrünnigen" zum herausstechendsten Plattenkarrieristen unseres Jahrhunderts. Nicht sein öffentliches Auftreten machte ihn berühmt, sondern seine Schallplatten, die in regelmäßigen Abständen auf den Markt kamen. Eine Begründung für diese Fortschrittsgläubigkeit gab er jedoch nicht. Er konnte aber auf dieser Basis den Faden weiterspinnen:

> *„One of the certain effects of the electronic age is that it will forever change the values that we attach to art."[3])*

Er verkündete damit eine Revolution im künstlerisch-musikalischen Schaffen: Die neue Technik eröffne dem Kunstwerk ganz andere Dimensionen, in denen seine Zukunft liegt – hier die „future of music". Eine Änderung des Produktions- und Rezeptionsverhaltens ist gleichermaßen angesprochen. Goulds Arbeiten mit der Musik war so gesehen schon ein Arbeiten in der Zukunft: Er schuf nämlich bereits solche Werte, die dem Rezipienten in ihrer vollen Tragweite erst aufgehen, wenn er Einzelheiten des Entstehungsprozesses erfährt. Dann erst wird seine Voraussage vom „Tod des Konzertsaals" samt den damit verbundenen Werten herkömmlichen Musikschaffens verständlich. Gould ging jedoch noch weiter: Von dem proklamierten Fortschritt der Musik durch die Technik überzeugt, wird dem verantwortungsvollen Künstler das Arbeiten mit diesen Mitteln zur Pflicht. Im Sinne der alten Orpheus-Idee gelte es nicht nur, die Musik am Leben zu erhalten, sondern sie vielmehr – zum Heile der Menschheit – in ein neues Leben zu überführen. Damit war sein Rücktritt vom Podium eine folgerichtige Entscheidung. Er gab ihm die notwendige Freiheit, seiner Zukunftsvision zu leben und musikalisch und technisch die neuen Werte zu schaffen, die seinen künstlerischen Höhenflügen anhaften.

Gould berichtet, daß das Interesse für die Technik in Verbindung mit Musik bereits in seiner Kindheit zutage getreten war, als urplötzliche existentielle Erfahrung und Erkenntnisquelle: Als Zwölf- oder Dreizehnjähriger sei ihm – in einer für uns fast absurd erscheinenden Situation – zum ersten Mal die Möglichkeit bewußt geworden, das Musikschaffen durch einen mechanischen Prozeß zu beeinflussen. Er stellt dieses Ereignis so dar: Während er an einem Mozartstück, der Fuge in C-dur KV 394 übte, schaltete das Hausmädchen den Staubsauger ein, so daß er sein Spiel kaum noch hören konnte:

> *„But I began to _feel_ what I was doing – the tactile presence of that fugue as represented by finger positions, and as represented also by the kind of sound you might get if you stood in the shower and shook your head with water coming out of both ears... I took off – all of the things Mozart couldn't quite manage to do I was doing for him. And I suddenly realized that the particular screen through which I was viewing this, and which I had erected between myself and Mozart and his fugue, was exactly what I needed – exactly why, as I later understood, a certain mechanical process could indeed come between myself and the work of art that I was involved with."*[4])

Die meisten Musiker hätten in dieser Situation wohl aufgehört zu spielen, da das Geräusch des Staubsaugers die Konzentration und das Klangempfinden gestört bzw. die akustische Kontrolle der Arbeit unmöglich gemacht hätte: Nicht so Gould! Das mechanische Geräusch kam ihm gerade recht – er empfand eine ästhetische Einheit, eine Synthese, bestehend aus Mozarts Fuge, seinem Klavierton und dem Staubsaugergeräusch, das den Gesamtklang um eine neuartige „Klangfarbe" bereicherte. Für uns ist eine solche Empfindung kaum nachvollziehbar, aber ich glaube, wir dürfen ihn ernst nehmen, wenn er die Essenz aus dieser Erfahrung so formuliert:

> „...a determining moment in my own reaction to music."[5])

Wie wichtig ihm dieses frühe Erlebnis war, zeigt die Tatsache, daß es in seinen Aufsätzen und Interviews öfter auftaucht, wenn auch in jeweils leicht abgeänderter Form.

Payzant hat aus den Schriften des Künstlers vier „anecdotes" aus verschiedenen Perioden ausgewählt und an ihnen Goulds „Philosophy of Recording"[6]) entwickelt. Die Erlebnisse – das zeitlich früheste haben wir eben gehört – zeigen eine zunehmende Beschäftigung des Musikers mit der Technologie und ihr konsequentes Nutzen für seine Ziele. Gould hat dieses Kindheitserlebnis in einer Art und Weise gedeutet, die uns, bei aller angebrachten Skepsis, darüber aufklärt, was im Grunde die Technik im Schaffensprozeß für ihn bedeutet: Das kontrapunktische Arbeitsmittel! Das jedenfalls wird aus der Antwort, die er Curtis Davis auf die Frage nach seiner frühesten Erfahrung mit Bach gab, ersichtlich:

> „It was a great moment, and although this was not a Bach experience, it was the first great recognition of what the contrapuntal experience properly is. How really involving it is, of what a great number of layers it in fact consists, and precisely in what way one might go about enhancing those layers. It was a very private experience, of course, because it had sealed off all areas of that room, even the acoustic, if there were any to talk about now that the vacuum cleaner was on. The vacuum cleaner became the void in which I was working. And that fugue and my relation to it was the only thing that existed. That was the first great contrapuntal awakening."[7])

Die zweite wichtige Begebenheit, die Payzant aufzählt, philosophisch weniger belastet, aber ungleich bedeutender für Goulds tatsächliche Entwicklung, war seine Teilnahme an einer CBC-Rundfunksendung im Dezember 1950. Er spielte Sonaten von Mozart und Hindemith. Er machte dabei seine ersten Erfahrungen mit einem Aufnahmestudio, lernte die Arbeit in der Studioatmosphäre kennen, abgeschirmt und – wie er selbst sich ausdrückte – wie in einer mutterleibähnlichen Geborgenheit. Dabei habe sich eine „love affair"[8]) mit dem Mikrophon entwickelt:

> *„I discovered that, in the privacy, the solitude and (if all Freudians will stand clear) the womb-like security of the studio, it was possible to make music in a more direct, more personal manner than any concert hall would ever permit. I fell in love with broadcasting that day, and I have not since then been able to think of the potential of music (or, for that matter, of my own potential as a musician) without some reference to the <u>limitless possibilities</u> of the broadcasting and/or recording medium. For me, the microphone has never been that hostile, clinical, inspiration-sapping analyst some critics, fearing it, complain about. That day in 1950 it became, and has remained, a friend.*
>
> *In fact, most of the ideas that have occurred to me as a performer have related in some measure to the microphone… The microphone does encourage you to develop attitudes to performance which are entirely out of place in the diffuse acoustic of the concert hall. It permits you to cultivate a degree of textural clarity which simply doesn't pay dividends in the concert hall."[9])*

So wurde ihm das Mikrophon zu einer Art Detektor, zum Steigerungsmittel der Inspiration und Ausdrucksfähigkeit! Es war nicht sein erster Kontakt mit dem Mikrophon, wohl aber der erste innerhalb eines professionellen Rahmens. Seit mehreren Jahren hatte er zu Hause mit der Plazierung der Mikrophone herumexperimentiert, die Mikros beispielsweise am Resonanzboden seines Klaviers befestigt, um die Klangfarbe je nach Erfordernis für das zu spielende Stück abzuändern.

Das Mikrophon als kontrollierbarer, einschätzbarer und emotionsloser „Zuhörer" konnte ihm kein Feind sein! Es reagierte nur auf die akustischen Vorgänge, nicht aber auf den Menschen, der diese Vorgänge hervorrief, und es ermöglichte die vielfältigsten Manipulationen. Das Photo, das ihn beim „Dirigieren" der Aufnahmetechniker zeigt, ging um die Welt.

Diese erste Rundfunkaufnahme lehrte ihn aber noch etwas anderes: Bei der Mozart-Sonate hatte er mit den dicken Bässen des Studioflügels zu kämpfen. Es war ihm unmöglich, den aufdringlichen

Baßklang so zu reduzieren, wie er sich die Klangbalance vorstellte. Erst beim Abhören der Aufnahme konnte er seine Klangvorstellung durch Knopfdrehen – Abfilterung der Tiefen und Anhebung der Höhen – verwirklichen. Von diesem Moment an wollte er die Doktrin nicht mehr akzeptieren, Technologie sei nur ein Notbehelf, eine Dehumanisierung des musikalischen Ereignisses. In der dritten Episode berichtet Gould über die Aufnahmen der Goldberg-Variationen:

> *„When I recorded Bach's Goldberg Variations, I by-passed the theme – the very simple aria upon which the variations are constructed – and left it for recording until all the variations had been satisfactorily put down on tape. I then turned to that ingenuous little sarabande (the aria), and found that it took me twenty takes in order to locate a character for it which would be sufficiently neutral as not to prejudge the depth of involvement that comes later in the work. It was a question of utilizing the first twenty takes to erase all superfluous expression from my reading of it, and there is nothing more difficult to do. The natural instinct of the performer is to add, not to subtract. In any case, the theme as represented on my recording of the Goldberg Variations, is Take 21."* [10])

Er hatte also keineswegs die gesamte Aufnahme von vornherein im Kopf, sondern immer nur das, was bereits auf dem Tonband war. Aus dem Höreindruck der ersten zwanzig Takes erwuchs sozusagen die Interpretation des einundzwanzigsten, welcher schließlich für die Aufnahme verwendet wurde. Howard Scott, einer seiner CBS-Produzenten, betont Goulds phänomenales Gedächtnis für die Chrakteristik der einzelnen Takes:

> *„...weeks later he remembered that he had played Var. 3 three times and that the third take was a shade faster in the middle section and the bass line a bit too heavy in one bar. That incredible memory was unfailingly and frighteningly accurate."* [11])

Diese flexiblen Detailaufnahmen halfen ihm bei der „Erforschung" des Werkes, ließen ihn Alternativen und Aspekte entdecken, die ihm ohne die Gegenüberstellung und analytischen Vergleiche verborgen geblieben wären.

Gould bekannte sich damit zum Montagecharakter als unvermeidliches Hilfsmittel bei der Herstellung zufriedenstellender Interpretationen, die als zusammenhängendes Resultat nichts anderes als eine Illusion sind. Als Modellfall – hier die vierte Episode – hat er gerne auf seine Aufnahme der a-moll Fuge aus dem ersten Teil des Wohltemperierten Klaviers von J.S. Bach verwiesen. Er zeigt einen weiteren Schritt im Umgang mit der Aufnahmetechnik:

> *„In the process of recording this fugue, we attempted eight takes. Two of these were regarded, according to the producer's notes, as satisfactory. Both of them, No. 6 and 8 respectively, were complete takes requiring no inserted splice – by no means a special achievement since the fugue's duration is only a bit over two minutes. Some weeks later, however, when the results of this session were surveyed in an editing cubicle and when Takes 6 and 8 were played several times in rapid alternation, it became apparent that both had a defect of which we had been quite unaware in the studio: both were monotonous.*
> *Each take had used a different style of phrase delineation... Take 6 had treated it in a solemn, legato, rather pompous fashion, while in Take 8 the fugue subject was shaped in a prevailingly staccato manner which led to a general impression... Upon most sober reflection, it was agreed that neither the teutonic severity of Take 6 nor the unwarranted jubilation of Take 8 could be permitted to represent our best thoughts on this fugue..."[12])*

Das Ergebnis war also eine Montage, zusammengesetzt aus diesen beiden Takes. Das ermöglichte der glückliche Umstand, daß die Takes im fast identischen Tempo gespielt waren. Die „overbearing posture" von Take sechs übernahm die Exposition, den Modulationsteil der ausgelassenere, spritzigere Take acht, nach der Rückmodulation nach a-moll setzte wiederum Take sechs ein.

> *„There is, of course, no reason why such a diversity of bowing styles could not have been applied to this fugue subject as part of a regulated a priori conception. But the necessity of such diversity is unlikely to become apparent during the studio session just as it is unlikely to occur to a performer operating under concert conditions. By taking advantage of the post-taping afterthought, however, one can very often transcend the limitations that performance imposes upon the imagination."[13])*

Aus den letzten beiden Beispielen ist nun Goulds „Philosophy of Recording" klar ablesbar: Flügel und technische Apparatur, Aufnahme-, Wiedergabe- und Schneidegerät werden gleichberechtigte „Instrumente". Platteneinspielungen anderer Künstler entstehen natürlich ebenso mit Hilfe zahlreicher Takes, doch ist hier die In-

tention eine vollkommen andere: Es wird in der Regel eine bereits
feststehende Interpretation aufgenommen, einzelne Teile nur dann
wiederholt, wenn sie unbefriedigend gelungen sind. Der Blick ist
also immer auf die beabsichtigte Interpretation hin gerichtet; das
Zusammenstückeln erfolgt unter diesem Gesichtspunkt. Ein feh-
lerhafter Take wird bei diesem Verfahren durch einen – im Idealfall
– fehlerfreien ersetzt. Goulds Interpretation war dagegen nicht
von Anfang an klar, sondern entstand durch den Aufnahmepro-
zeß. Sie kristallisierte sich erst während des Abhörens verschiedener Gesamt- oder Teilaufnahmen heraus. Seine Platteneinspielungen müssen deshalb nicht prinzipiell aus verschiedenen Takes bestehen. Auf vielen seiner Platten hören wir Take eins und das ganze
Stück ist ohne Unterbrechung aufgenommen. Die Montage erweist aber einen unschätzbaren Dienst: Sie rückt das musikalische
Ideal in greifbare Nähe. Sie erleichtert im übrigen auch das Leben
– die Furcht, ob auch alles gut geht, ist unnötig. Schließlich fühlte
Gould so etwas wie eine moralische Verpflichtung, nicht nur so
gut wie möglich zu spielen, sondern seine Wiedergabe auch exakt
der eigenen Vorstellung anzugleichen. Der Künstler dürfe mit seiner Arbeit erst dann zufrieden sein, wenn er überzeugt ist, eine
hervorragende und nicht mehr zu überbietende Leistung voll-
bracht zu haben. Diese Moral des Musikschaffens steht damit aber
der ganz anderen Moral eines, wenn man so will, nicht manipulie-
renden Künstlers entgegen. Gould zitiert aus seiner Erinnerung
den britischen Dirigenten Sir Adrian Boult – „very distinguished
and very venerable"[14]), wie er ausdrücklich betont –, der in einem
Rundfunkinterview zum Thema Aufnahme sagte:

> „Well, of course, it's fair game to make them, especially for those who can't
> get out to the concert hall, but they're never going to take the place of the
> concert, are they? I always say to my producer at the outset of the session,
> ,look here, old man, it's my job to get the very best I can out of the band,
> and I shall strive to do that even if we need two or three takes. But I don't
> want any of this patching – that's all you young chaps seem to think of these
> days – patching. Should the horn fluff his part, well, bad luck, I say, and, if
> time permits, we'll let him have anonther go at it. But I don't want you to
> repair the warts by patching, d'you see, because at all costs I must have the
> long line intact'. "

Gould bemerkt hierzu, daß Sir Adrians Einwände gegen die Montagetechnik[15]) die allgemeine, landläufige und konservative Einstellung repräsentiere. Unrecht habe Boult jedoch, wenn er um die „Linie" fürchtet: „Good splices build good lines"[16]), ist Goulds lakonische Antwort. Es spiele überhaupt keine Rolle, ob eine Tonaufzeichnung aus Zwei-Sekunden-Takes besteht oder im Zusammenhang aufgenommen wurde. Entscheidend sei die Qualität der einzelnen Takes und das Gesamtergebnis:

„A performer should treat tape as a film director treats his rushes."[17])

Für Gould bildeten die im Studio entstandenen Takes das „Rohmaterial" für die Verwirklichung einer musikalischen Idee. Somit ist das Ziel, das sich der Interpret setzt, der Maßstab aller Beurteilung: Will er Konzertsaalrealität ins Wohnzimmer zaubern, also Live-Musik-Atmosphäre, so bedeutet – konsequent gedacht – bereits jeder Schnitt, ja eigentlich bereits die Tatsache einer Studioaufnahme, „Betrug" am Hörer. Will er aber die seiner Meinung nach bestmögliche Interpretation erreichen, so kann, ja muß er sich technischer Hilfsmittel – in welchem Umfang auch immer – bedienen. Wir wissen, daß uns technische Apparaturen heute jede Art von „Realität" und „Atmosphäre" zusammenmischen und dem Ohr ihre Verifizierbarkeit mehr oder weniger unmöglich machen können. Andererseits hören wir täglich Aufnahmen, die trotz der vorgenommenen Manipulationen unbefriedigend bleiben. Die beiden puristischen Auffassungen schließen die Möglichkeit eines Kompromisses aus. Die vertretenen Positionen der jeweils anderen Seite gelten als uninteressant bzw. musikalisch „unmoralisch". Boult opfert der Augenblickstreue die absolute Perfektion des Vortrages, akzeptiert um der musikalischen Momentleistung willen Mängel im Detail – wir setzen hier voraus, daß er tatsächlich aus Überzeugung und nicht aus mangelnder Sachkenntnis so argumentiert hat. Goulds Unverständnis für diesen Standpunkt zeigt sich in seiner Abqualifizierung als „altmodisch". Sein Neuerungseifer hat ihn zu gewiß nicht ernst gemeinten Formulierungen hingerissen, die der Schöpfung eines musikalischen Homunculus das Wort reden: Dem aus Zwei-Sekunden-Takes zusammengeflickten Musikstück, vielleicht gar computermäßig im Speicher verwaltet, geordnet und für die Aufnahme abgerufen! Nun setzt die Musik selbst Grenzen für eine Aufsplitterung in allzu winzige Takes, das Orchesterwerk naturgemäß mehr als ein Klavierstück. Musikalische Sinneinheiten wie beispielsweise Motive oder Themen werden letztlich die kleinsten Bausteine solcher Flickschusterei bleiben müssen. Goulds eigenen Worten können wir entnehmen, daß seine offen vorgetragene „Splicing"–Theorie durch die Praxis – wie erwartet – einen Teil ihrer Radikalität einbüßt; am Prinzip ändert dies jedoch nichts:

> *„I can honestly say that I use splicing very little. I record many whole movements straight through. But I can also say that I have no scruples about splicing. I see nothing wrong in making a performance out of two hundred splices, as long as the desired result is there. I resent the feeling that it is fraudulent to put together an ideal performance mechanically. If the ideal performance can be achieved by the greatest amount of illusion and fakery, more power to those who do it."[18])*

Der Live-Pianist konzentriere sich, wie er sagt, auf eine individuelle Ansammlung von Momenten, um den oberflächlichen Eindruck eines sinnvoll zusammenhängenden Resultats hervorzurufen. Der echte Studiomusiker dagegen betrachte das Gesamtkonzept. Er könne also genausogut in der Mitte eines Stückes beginnen und es wie ein Krebs rückwärts und vorwärts durcharbeiten.

In einem Interview gestand Gould vergnügt, er könnte Geschichten erzählen von Manipulationen, die uns die Haare zu Berge stehen lassen, und er gab auch gleich ein Beispiel (ohne die entsprechende Platte nennen zu wollen): Bei einer Beethoven-Sonate stammen die Aufzeichnungen der vier Sätze aus den Jahren 1976 und 1979. Gould habe zwei im Klang sehr differierende Klaviere benützt. Ihm und seinen findigen Mitarbeitern sei es gelungen, mit Hilfe raffinierter Studiotechnik die Klangfarbe so anzugleichen, daß kein Unterschied mehr zu hören ist.[19])

Zurück aber zu seiner Einspielung der a-moll Fuge. Beim Anhören der Aufnahme mit besonderem Ohrenmerk auf die „Nahtstellen" der Takes gewinnt man nicht den Eindruck einer künstlich herbeigeführten Belebung durch das Einschieben von Take acht. Sein durch veränderte Phrasierung und Artikulation übermütigerer Charakter fügt sich ganz natürlich in den Gesamtablauf. Die Kunst liegt hier in der Auswahl der Segmente und ihrer Plazierung.

Betrachten wir uns noch etwas länger seine Arbeit im Studio: Welchen Stellenwert haben bei den Aufnahmen die Mitarbeiter? Gould hat dem „Drumherum", den Technikern und vor allem dem Produzenten, große Bedeutung beigemessen. Gerade der Produzent trage entscheidend zum Gelingen der Aufnahme, der Klangqualität und des künstlerischen Gesamtbildes bei. Als Bindeglied zwischen Musiker und Techniker sei er dafür verantwortlich, ersterem die technischen Möglichkeiten und letzterem die musikalischen Grenzen bewußt zu machen. Für das Endprodukt Schallplatte habe er eine ähnliche Funktion wie ein Autor für sein Buch[20]).

Bereits früher haben wir gehört, daß das Studio Goulds bevorzugter Arbeitsraum war, da es ihm Schutz vor der Zudringlichkeit des Publikums und vor allen ungewollten mitmenschlichen Kontakten bot. Es erlaubte ihm „to think, to plan, to breathe".[21]) Hier hatte er die ausgezeichneten Aufnahmegeräte, seine tüftelig präparierten Flügel und den legendären, von ihm selbst konstruierten und von seinem Vater angefertigten Stuhl, dessen geringe Höhe (35,5 cm) ein Spiel „von unten" bewirkte – das Geheimnis seines unverkennbaren Anschlags. Silvia Kind schreibt hierzu:

„Glenn hatte sehr lange Arme; auf einem normalen Stuhl müßte er weit weg von der Tastatur sitzen und hätte wenig Kontakt mit den Tasten. Saß er aber tief, konnte er die Arme leicht beugen, befand sich ganz nahe vor der Tastatur in einer völlig entspannten Lage und griff von unten her in die Tasten – Handgelenk und Ellbogen niedriger als die Hand. Seine Erklärung war absolut plausibel. Interessanterweise ist dies die perfekte Haltung für das Clavichordspiel, wie sie der spanische Dominikanermönch Sancta Maria im sechzehnten Jahrhundert vorschreibt, in seinem Buch „Arte de Tañer Fantasia...“[22])

Im Studio konnte er auch ungeniert seine sprichwörtlichen „Riten" pflegen, die er bis zuletzt beibehielt: So arbeitete er mit Vorliebe nachts bis in die frühen Morgenstunden hinein, bei einer Raumtemperatur, die nie unter 32 Grad (Celsius) sinken durfte. Airconditioning blieb immer ausgeschaltet, gleichgültig, welche Hitze die Scheinwerfer ausstrahlten. Ein Klaviertechniker hatte ständig erreichbar zu sein. Hier konnte er auch seine körperlichen

Bedürfnisse, wie warme Handbäder und Armmassagen, befriedigen. Das für klassische Platten eher ungewöhnliche Cover zum „Silver Jubilee Album" zeigt inmitten technischer Apparaturen einen zufrieden lächelnden Glenn Gould. Im Studio fühlte er sich heimisch! Während er in den Tagen seiner öffentlichen Auftritte ein notorischer Hypochonder war und vor allem gegen Ende seiner Konzerttätigkeit häufig wegen Krankheit absagte, kam er seinen Studio-, Radio- und Fernsehverpflichtungen gewissenhaft nach:

> *„Since I stopped giving concerts, I've scarcely had so much as a sniffle. Most of my earlier illnesses were psychosomatic – a sheer protest against my regimen...* "[23])

Seine Kollegen und Mitarbeiter erlebten ihn als äußerst kooperativ und ungemein stimulierend:

> *„You didn't just work with Glenn, he became part of your life and your being. I learned more from editing tape for him, in those few years we worked together in the mid-'70s, than in all the years both before and after."* (John Jessop, Montreal) [24])
>
> *„Glenn has a reputation, by default, for being a difficult eccentric and hard to work with. All I can say is that I wish all the people I work with were as pleasurable."* (John McGreevy)[25])
>
> *„The filming sessions, which coincided with those of the sound recording, took place over a period of several months during which I would travel back and forth from Europe, and he between Toronto and New York. We kept in daily contact, spending countless nights on transatlantic calls singing to each other over the telephone the variations that remained to be filmed so as to make sure that we would finally achieve a perfectly integrated structure of picture and sound."* (Bruno Monsaingeon)[26])

Monatelang zog er sich ins Studio zurück, um in dieser Einsiedelei, für ihn der einzig richtige Nährboden für Kreativität, seine „musical miracles"[27]) zu vollbringen. Doch hatte er keineswegs das Gefühl, ein Eremitendasein zu führen, sondern durch die Medien mit seinen Hörern in enger Beziehung und konstanter Berührung zu sein. Diese Behauptung klingt zunächst paradox: So erleben Musiker und Hörer, getrennt durch Ort und Zeit, die Musik durch technische Modifikationen unter gänzlich unterschiedlichen Bedingungen. Gould dagegen sah die technischen Apparaturen eher

als Bindeglied, das zu einem tieferen Bewußtsein des „Innenle-
bens" der Musik verhelfe. Das Mikrophon locke Strukturen hervor, zergliedere, analysiere. Mit Hilfe der Aufnahmetechnik
könne der Interpret dem Hörer die Komposition viel näher bringen, als es ihm jemals im Konzertsaal möglich ist: Als Studioarbei-
ter müsse er sein Musizieren nicht hier und jetzt an eine Menge
richten, vor die er als „Star" tritt. Alle visuellen Aspekte, seine
Identität und sein Image, blieben außer acht. Nicht die Persönlichkeit des Künstlers, sondern nur die Präsenz der Musik bis in jedes
Detail stehe im Mittelpunkt – und einzig diese Musik richte sich an
den aufmerksamen Hörer „am anderen Ende" der Apparatur – an
jeden einzelnen Hörer! In der ungeteilten Aufmerksamkeit für die
Musik – wohlgemerkt, geleistet von beiden Seiten! – sah Gould die
ganz besondere Intimität zwischen dem vortragenden Musiker
und dem aufnehmenden Hörer. Musik sei für jede Art gemein-
schaftlicher Erfahrung ungeeignet und könne nur im Privaten
„ideal" – in schauender Versunkenheit – gehört werden. Er ging
sogar soweit, ein Konzert als kümmerlichen Ersatz für eine gute
Schallplatte zu bezeichnen!
Aus Goulds Stellungnahme zu seiner Aufnahme der dritten Fuge
aus der Kunst der Fuge, die er auf der Orgel so frappierend eingespielt hat, erfahren wir nicht nur eine Menge über die studioähnli-
che Arbeitsweise am Aufnahmeort, sondern auch darüber, was er
dem Hörer mit Hilfe seiner spezifischen technischen Anordnun-
gen vermitteln wollte:

> „What I like about that recording is that, because of the gloriously eccentric
> registration which that Casavant instrument offered, the central strands of
> the music are each allowed to have a life of their own – they're not embalm-
> ed in reverberation as organ recitals in churches tend to be. We were, of
> course, very fortunate in being able to record in a church which possessed a
> remarkably light reverberation. But that recording goes even further: the
> microphones were placed hard up against the organ chests so that the pipes
> could speak, as they say, and perhaps even wheeze occasionally as well.
> There was no attempt to glamorize the sound, to surround it with a halo of
> resonance, or to ‚mike' it so distantly as to suggest that one was listening to it
> from far back in the congregation. There was, in fact, no attempt to capita-
> lize on a sense of occasion – on relating our performance of The Art of the Fu-

gue to that church, on that winter afternoon and, hence, to create for the listener an artificial sense of participation. Our aim was to ignore the occasion of recording, and to concentrate instead upon the likely circumstances of playback – to think about the living-rooms, studios, automobiles, transistors on a sand dune, in which or through which that recording might conceivably be heard."[28])

Carl Czerny hat in seiner bei Peters erschienenen Ausgabe der Kunst der Fuge für Klavier diese Fuge mit „Andante" überschrieben, mit dem Zusatz „sempre legato". In diesem Sinne wird das Stück auch gewöhnlich interpretiert: ruhig und ausgeglichen. Gould spielt es in munterem Tempo mit zupackender Artikulation. Offensichtlich ging es ihm darum, mit Hilfe der trockenen Akustik und engen Mikrophonplazierung das „Rückgrat" des Werkes freizulegen und es für die Situation des Playbacks – also für den Hörer – zu präparieren. Ein Bestreben, das gewohnte Hörerlebnis zu untergraben, sei es durch Verändern der Tempi, sei es durch Verfremden des Klangs, scheint hinter solcher Verfahrensweise zu stecken. Koch hat in anderem Zusammenhang geschrieben:

> *„Gould hat die Vorstellung einer autonomen elektro-akustischen Choreographie, variabler Klangtotalen und flexibler Detailaspekte. Zu diesem Zweck bedient er nicht nur selber mit Leidenschaft die Apparaturen, sondern dirigiert manchmal regelrecht und mit Hingabe die Tontechniker bei ihrer Reglerarbeit."[29])*

Das Experimentieren mit den Aufnahmegeräten und die Versuche, das klangliche Potential des Instruments auszureizen, das Spiel also mit der Technik als zentrales Medium des Kunstschaffens, läßt sich in solchen Tonaufzeichnungen absolut dingfest machen.
Ein anderes Beispiel für Goulds Klanginszenierungsabsichten – oder nach Andrew Kazdin „accoustic orchestration" – ist seine Sibelius-Schallplatte, die mit einem „Multi-Track-Tonbandverfahren" aufgenommen wurde. Auch hier sollte mit Hilfe verschieden plazierter Mikrophone – manche nur wenige Zentimeter vom Klavier entfernt – und eines „Mischplans" das Klangbild, das enger und weiter, näher und ferner rückt, die Stimmung der Partitur unterstreichen und die Struktur der Komposition bloßlegen.[30]) Koch schreibt:

59

„Doch er (Gould) räumt ein, daß das technisch noch nicht der Weisheit letz-
ter Schluß, Sibelius für solch auratische Klangmanipulationen harmonisch
zu simpel sei."[31])

Experiment, Spiel, Riten, Extravaganzen und Launen, Takes über
Takes – hat Gould überhaupt ernsthaft gearbeitet? Vielleicht sollte
man mit einer ähnlichen Reihung antworten: Feinstpräparieren
der Instrumente, vielfältiger, ausbalancierter und immer wieder
überprüfter Einsatz der technischen Aufnahmegeräte, absolute
Kenntnis des Werkes und Takes über Takes aus der Beherrschung
zahlreicher Interpretationsvarianten – und schließlich Abhören,
Vergleichen, Auswählen… Der Produzent Paul Myers berichtet,
Gould habe gerne ein und dasselbe Stück zunächst in zehn oder
fünfzehn verschiedenen Versionen aufgenommen, es sozusagen
aus jedem Blinkwinkel beleuchtet, bevor er sich für die endgültige
Fassung entschied.

Gould hat die Arbeit im Studio – im Unterschied zu seinen Konzertauftritten – maßlos ernst genommen und gespannt und geradezu mit Bangen verfolgt. Mit dem Hinweis darauf, daß ein Fehler
im Konzert vorübergehe und damit belanglos sei, während ein
Fehler auf der Platte bei jedem Abspielen mahne, ist es nicht getan:
Hier steckt mehr dahinter! Schließlich bleibt doch jedes Stadium
der Aufnahme bis zur Pressung für Modifikationen und Verbesse-
rungen offen. Payzant hat mit echt amerikanischer Vorliebe für
pointiert-übertreibende Schlagwörter Goulds ekstatisches Interesse für das Medium Platte gar eine „philosophy of ecstasy"[32]) genannt. Der kanadische Bildhauer John Dann, der Schöpfer einer
Büste des Pianisten, beschreibt aus eigenem künstlerischen Emp-
finden heraus und im Bewußtsein einer geistigen Verwandtschaft
Goulds Ekstase als wesentliches Element des künstlerischen Schaf-
fensprozesses selbst:

„…it was ecstasy, nurtured in solitary contemplation, that infused the crea-
tive process, endowing art with the power of universal communication. This
ecstatic experience was for Gould a bridge over the abyss which lies between
man's mundane and his spiritual existence. He believed that it was the ne-
cessary element in the creation and appreciation of art."[33])

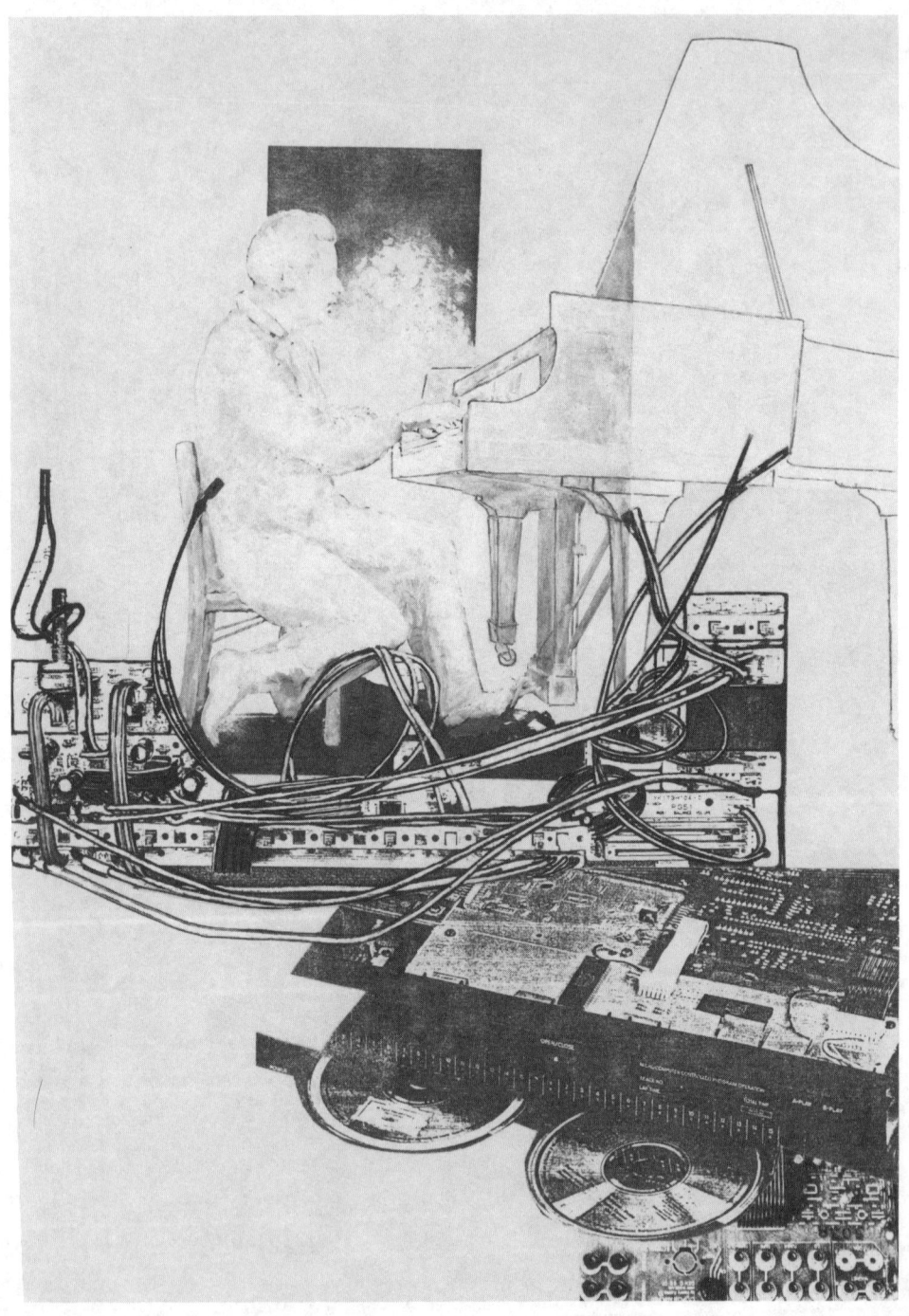

Etwas weniger poetisch, aber in Übereinstimmung mit Dann drückt sich der Philosoph Denis Dutton aus:

> *„Ecstasy for him did not denote a special euphoric emotion which might be produced in the performance – or in listening to the performance – of a piece of music. Ecstasy is a state achieved when the performer goes beyond himself, beyond his technique, beyond the mechanical means of producing the performance, to attain a sublime, integrated view of the musical work of art... Strictly speaking, ecstasy is a solitary condition, available to a performer and perhaps through him to an audience;... But to the individual performer or listener, ecstasy is achieved when one stands outside of oneself,... the ecstatic moment must seem the only possible vision – of the music at hand."[34]*

Dann und Dutton sind sich in der Deutung von Goulds „ecstasy" einig: Hier handle es sich nicht um eine Ekstase im landläufigen Sinn, also um einen rauschhaften Zustand, bei dem der Intellekt ausgeschaltet ist. Schon die Möglichkeit, den Begriff „philosophy" mit Ekstase in Beziehung zu setzen, weist darauf hin, daß ein Zustand des Bewußtseins gemeint ist: Ein Zustand, der einen Akt von extremer Konzentration verlangt, so daß alle Äußerlichkeiten der Aufnahmesituation beiseitegeschoben, nicht wahrgenommen werden, um schließlich jene „sublime, inner awareness"[35]) zu erreichen, in welcher Kunst entsteht.

Wer Glenn Gould in seinen Fernsehproduktionen gesehen hat, konnte auf eindrucksvolle Weise erleben, wie im Zustand genialischer Selbstvergessenheit der Körper eins zu werden scheint mit der Musik und dem Instrument, die Musik gleichsam in den Körper übergeht und ihn zum Schwingen bringt: Manchmal ganz vornübergebeugt, mit dem Kopf fast an der Tastatur, dann wieder in zuckenden Bewegungen des Oberkörpers die Musik plastisch vor Augen führend, mit vibrierenden Fingern, unaufhörlich lebendigem Mienenspiel und emphatischem Mitsingen – in all dem offenbart sich eine Intensität, die den Zuschauer mitreißt und bis zum Verklingen des letzten Tons nicht mehr losläßt. Durch eindringliches Mitdirigieren der freien Hand zeichnet er musikalische Linien bildhaft nach, formt Pausen zum spannungsgeladenen Impuls. Seine technisch schier grenzenlosen Fähigkeiten lassen selbst bei schwierigsten Passagen die Musik wie mühelos aus ihm herausfließen, vermitteln den Eindruck beispielloser Sicherheit. Und in diese ekstatische körperliche Präsenz von Musik muß er sich nicht erst hineinspielen, sie ist gleichsam Ursprung für den ersten Ton. Der Künstler John Dann erklärt Goulds Fähigkeit, diesen schöpferischen Ekstase-Zustand zu erreichen, durch das Zusammenwirken überprüfbarer Eigenschaften wie außergewöhnlicher Musikalität, Wahrnehmungsfähigkeit und scharfem Intellekt mit dem Wunsch, sich mit „the omnipotent source of his being"[36]) zu vereinigen. Ein Versuch, Kunst und die Entstehung eines Kunstwerks zu fassen, muß natürlich von vornherein scheitern. Die beiden Ebenen, Rationalität, Intellekt, Bewußtsein und Irrationalität, Gefühl, Unterbewußtsein, die sich als unvereinbar gegenüberstehen, werden hier in eine für die Entstehung von Kunst notwendige Beziehung gesetzt. Gould selbst hat den Sinn von Kunst so formuliert: „...the gradual, lifelong construction of a state of wonder and serenity"[37]). Er sieht damit in dem gewonnenen Erkenntniszustand die rationale und emotionale Ebene glücklich verschmolzen. Diese Form der Ekstase muß somit als ein Zustand des Suchens und auch Findens überrationaler Erkenntnisse bei optimalen rationalen, menschlichen und materiellen Voraussetzungen verstanden werden.[38]) John Dann hat dabei Goulds spezifische Lebensführung mit all ihren Aspekten als eine dieser Voraussetzungen gesehen: Seine Musik, seine Arbeit mit den verschiedenen Medien, sein Verlassen des wohlbekannten Pfades öffentlicher Anerkennung in eine private Welt der Einsamkeit und Verinnerlichung. Diese Lebensweise und die frühe Erkenntnis seiner künstlerischen Kräfte, das Bestreben, sie zu entwickeln und auszuschöpfen, schließlich das Arbeiten in der Abgeschiedenheit, befähigten ihn, in „this wonderfully mystical realm of ecstasy" vorzudringen und durch die Ergebnisse mit einem anonymen Publikum zu kommunizieren.[39]) Beide Autoren heben das Verlangen Goulds hervor, vermittels seiner Kunst mit der Außenwelt in Verbindung zu treten. Sie sind mit ihm der Meinung, daß es dem „solitary" Zuhörer möglich ist, an diesem ekstatischen Zustand teilzuhaben und damit die Musik in ähnlicher Weise wie der „performer" selbst zu rezipieren. Diese Art der Rezeption erweckt die Vorstellung, als seien nur wenige Hörer in der Lage, sich in der von Gould gewünschten Weise

Zugang zu seiner Musik zu verschaffen. Das aber war es gerade, was er nicht beabsichtigte. Mit dem Rücktritt vom Podium wollte er weg von der „Elite", dem kleinen begrenzten Zuhörerkreis und das „große Publikum" erreichen. Technologie und Publizistik erschienen ihm hierzu der einzig gangbare Weg. Dieses Bedürfnis erwuchs aus dem fast mystischen Glauben, daß Kunst und Moral in enger Beziehung stehen. Ein wiederkehrendes Thema seiner Essays ist der Künstler mit der moralischen Mission, die Menschheit zu verbessern. Allerdings könne eine solche Verbesserung nur das Ergebnis einer Verhaltensänderung des einzelnen und nicht des Kollektivs sein. Nun ist eine solche Meinung so idealistisch wie irrational, daß es nicht lohnt, näher darauf einzugehen. In zahlreichen Äußerungen hat sich Gould scharf gegen jede Form von Wettbewerb gewandt, der ein bestimmendes Element unserer Gesellschaft sei und ein ungeheueres physisches wie psychisches Potential absorbiere. Solche Bedingungen des Zusammenlebens seien unmenschlich, schleuderte er denjenigen entgegen, die den Wettbewerb als natürliche, aus der Evolution sich herleitende Gesetzmäßigkeit bezeichnen. Ihnen stellte er die provozierende Frage:

„Are you satisfied with society as you know it?"[40])

Die zugrundeliegende Triebfeder jeder Art des Wettbewerbs sei die Gier nach Macht, der psychischen Zerstörung des Widersachers. Er zitierte den Schachweltmeister Bobby Fischer:

„I like to see them (meine Gegner) squirm. I want to crush their egos."[41])

Mit der Trennung von Körper und Geist – einer typisch abendländischen Entwicklung – würden die durch unser Konkurrenzdenken entstandenen psychologischen Schäden ignoriert, letztlich sogar gutgeheißen. Einen Weg, diesen Grundzug unserer Gesellschaft zu überwinden, sah Gould in der Technologie. Payzant hat Goulds Gedanken zusammengefaßt:

„Accept the alternatives offered to us by technology. Technology introduces a protective shield around humanity which removes the necessity for humans to measure themselves against one another, on either a bodily or a psychical scale."[42])

Gould war wohl der festen Überzeugung, daß mit Hilfe der Technik alle Überlebensprobleme zu lösen seien und damit jegliche Form des Kampfes gegeneinander überflüssig werde. Wie aber stellte er sich vor, gegen den menschlichen Egoismus, gegen Raffsucht, Brutalität und alle anderen die Menschheit auszeichnenden Eigenschaften vorzugehen? Eine Antwort finden wir nicht, und sein uns vorexerziertes Beispiel, der Rückzug aus der Gesellschaft und nur gelegentliche Kontaktaufnahme über die Medien, ist keine Gesamtlösung. Wir dürfen nicht vergessen, daß finanzielle Unabhängigkeit nur eine, wenn auch die wichtigste Voraussetzung für solcherart gesellschaftliche Abstinenz ist. So gut wir seine Anklage gegen das System verstehen und unterstützen, so wenig lassen uns seine Worte eine Realisierungsmöglichkeit erkennen und so wenig verallgemeinerungsfähig erscheint uns sein eigenes Leben. Payzant hat schließlich – und nicht zu Unrecht – die Frage aufgeworfen, inwieweit Gould selbst von Konkurrenzgedanken frei war. Vor allem in seiner eigenen Domäne, dem Klavierspiel, glaubt Payzant Formen von Wettbewerbsverhalten, „or at least a tour de force"[43] zu erkennen: So ist Goulds Adaption von Ravels „La Valse" – bereits selbst eine Parodie des sentimentalen Wiener Walzers – wiederum eine Parodie der Pianotranskriptionen des neunzehnten Jahrhunderts. Beim Vortrag dieser Transkription in einer Fernsehproduktion der CBC im Jahre 1975 sei er versessen darauf gewesen, jene Virtuosi, die sich mit Liszt-Transkriptionen und schier unwahrscheinlicher Technik zur Schau stellen, zu übertreffen. Payzant schließt:

„Gould outdid them all in dazzle."[44]

Steckt nicht vielleicht auch, möchte man vorsichtig einwerfen, hinter seinem Suchen nach absoluter Einzigartigkeit der Interpretation, seinem konsequenten Andersspielen (für ihn einer der wichtigsten Gründe überhaupt, Musik zu konservieren) und hinter dem Bestreben, immer das Beste und damit auch ein Bestes zu geben, der Wunsch, alle die anderen zu übertreffen? Wie dem auch sei, von einer Art Wettkampf wird der Künstler niemals frei sein: vom Wettkampf gegen sich selbst! Sich in den eigenen Leistungen immer wieder zu bestätigen, verlangt, das einmal erreichte Können beizubehalten, ja eigentlich, es immer wieder zu steigern. Alles Experimentieren ist doch im Grunde nichts anderes als die Suche nach dem Besseren. So erklärt sich Goulds heftiger Unmut über unbefriedigend ausgefallene Passagen während des Konzerts, die das bereits erreichte Niveau schmälerten. Für ihn fiel so – offensichtlich zu häufig – der Wettbewerb gegen sich selbst negativ aus! Suchte er durch sein Scheiden vom Podium nicht auch einen Ausweg aus diesem Dilemma, nämlich durch die Verbesserung der Ausgangssituation im Wettbewerb gegen sich selbst den Sieg davonzutragen?

Bleiben wir aber noch etwas beim Thema Aufnahmetechnik. Bereits zu Beginn des Kapitels kamen die herkömmlichen Werte musikalischer Praxis zur Sprache, denen Gould eine eigene, sich aus der modernen Aufnahmetechnologie ableitende „Philosophie" mit ganz neuen Schwerpunkten entgegensetzte. Wir müssen nun tatsächlich unterscheiden zwischen der im Zusammenhang mit Sir Adrian Boult besprochenen Live-Aufnahme ohne Schnitte – im Konzertsaal oder Studio entstanden – und einer mit allen technischen Raffinessen erzielten Aufnahme, die den Eindruck einer Konzertsaaleinspielung erwecken soll. Werte, die für eine Live-Aufnahme von grundlegender Wichtigkeit sind, spielen für die ausgefeilte Aufnahme mit Konzertsaalwirkung nur eine untergeordnete Rolle, obwohl sie diese implizit beanspruchen: Der unbedingte Wesenszug von Live-Aufnahmen ist die historische Wahrheit und damit Einmaligkeit. Für die Gelegenheit, Ohrenzeuge eines historischen Moments zu sein, wie er uns beispielsweise in Tonaufzeichnungen früherer Jazz-Sessions oder Opernaufführungen entgegentritt, nimmt der Liebhaber eine reduzierte Wiedergabequalität in Kauf. Eine Beeinflussung durch die Aufnahmetechnik ist natürlich auch hier prinzipiell unumgänglich, ändert aber nichts am Wert des Historischen. Ein zweites ist die von Boult angesprochene Beibehaltung der „Linie" des Stücks. Da dieses Problem für den heutigen Stand der Technik irrelevant ist, zählt auch hier wieder der mehr ideelle Wert der garantiert unmanipulierten Kompakteinspielung, im Grunde wiederum der Faktor der historischen Einmaligkeit. Wie schon angedeutet, muß der Hörer hier unter Umständen auf die absolute Perfektion verzichten. Solche Werte stellte Gould gar nicht in Frage, sie erschienen ihm nur nicht von Interesse. Seine „New Philosophy of Recording", die zwangsläufig eine andere als „Old Philosophy"[45]) qualifiziert, wendet sich gegen diese und die ihr inhärenten Werte aus Gründen der modernen Technologie. Payzant hat die Hauptwesenszüge des älteren Standpunkts aufgezählt: Er ist natürlich interdependär abhängig von der, wie er schreibt, „konservativen" Erwartungshaltung der Mehrzahl der Hörer klassischer Musik. Interdependär deshalb, weil mit dem Verschwinden der Trichter-Einspieltechnik und in zunehmendem Maße bis in unsere Tage einerseits die atmosphärisch wirkenden Aufnahmen immer mehr Ziel der Techniker wurden und damit andererseits eine eingleisige Schulung des Hörers einherging. Die möglichst getreue Wiedergabe der Aufnahmesituation, genauer der Konzertsaalatmosphäre – Schlagwort „High Fidelity" – ist denn auch das Herzstück dieser Konservierungsmethode. Diese Atmosphäre dem Hörer zu Hause möglichst lupenrein zu liefern, ist das erklärte Ziel dieser Schallplattenindustrie – nun aber unabhängig vom Anspruch historisch lokalisierbarer Einmaligkeit (häufig ist nicht einmal das Aufnahmedatum genannt!). Die Einspielung der Platte an verschiedenen Tagen und ihre Zusammensetzung aus Takes ist dabei unangefochten gang und gäbe. Die gesamte technische Apparatur ist hierbei ausschließlich Behelf. Keineswegs dürfen die Aufnahmegeräte in eigenständiger Gestaltungsfunktion oder die Techniker durch eigenwillige Kunstgriffe Einfluß auf das Klangergebnis ausüben: Das Mikrophon ist letztendlich nur die Verlängerung unseres Ohres, gerichtet auf die einzig maßgebliche Person des Geschehens, den Vortragenden. Exzellent ist der Techniker dann, wenn das Endprodukt Schallplatte den Originalklang naturgetreu wiedergibt. Nichts von alledem findet sich in Goulds „New Philosophy"! Als ein Prinzip kann folgende Aussage gelten:

> *„Making a recording is a collaborative process which at any stage leaves open further modifications or adjustments at another stage."*[46])

Der Produzent übernimmt nun den bedeutenden Part, die beteiligten „Mitspieler", Vortragende und Aufnahmetechniker, zu arrangieren. Seine Arbeit ist nicht mehr neutral – wie bisher im günstigsten Fall – sondern drückt dem Endergebnis einen unverkennbaren Stempel auf![47]) Auch die Techniker prägen die Aufnahme mit ihrer künstlerischen Handschrift. Welchen Einfluß schließlich der technische Apparat, vor allem die Mikrophone ausüben, hat uns das Beispiel aus der „Kunst der Fuge" gezeigt.

Wie sah nun diese Form der Studioarbeit im einzelnen aus? Gould berichtet:

> *„I've come in with perhaps five or six, as it then seemed to me, equally valid ideas, and perhaps none of them worked, in which case we would come back in a week and try a seventh. If two or three did work, we then repaired to an editing cubicle, within a week or so, and listened to them. And, really, the week, at least, is necessary for some kind of perspective. The judgments you make a week later are never those you think you are going to make on the spot, on the spur of the moment – it never turns out that way."[48])*

Wir erfahren hieraus wesentliche Merkmale von Goulds „New Philosophy": Die endgültige Interpretation ist zunächst noch ganz offen. Mehrere Varianten werden durchprobiert und zur Wahl gestellt. Wir erfahren weiter, daß sich das Aufnahmeteam mit dem eingespielten „raw material"[49]) sozusagen in Klausur begibt – und in der gemeinsamen Diskussion Entscheidungen trifft. Und wir erfahren schließlich als drittes, daß die Wahl aus der Distanz fast immer auf eine andere als die zunächst favorisierte Variante fällt. Gould hat dies noch weiter ausgeführt:

> *„The things that seemed best, and most inspired, and most spontaneous, at the time, are very seldom that. They're usually contrived, they're usually affected, and they're usually filled with all kinds of musical gadgetry that one doesn't want in a recording."[50]*

Mit dieser Schilderung muß nun die früher besprochene „ecstasy"-Diskussion relativiert werden und die Behauptung, daß Meisterwerke im Zustand der kreativen Innenschau entstehen, also in einem Zustand der Überzeugung, die bestmögliche Interpretation des Werkes zu erreichen. Goulds Antwort auf die Frage des Interviewers:

> *„You mean part of your creative process is going on in the editing room?",*

67

war schlicht und aufschlußreich:

„Absolutely... We don't treat (the taped recording) as the finished product in the studio."[51])

Hierin liegt nur scheinbar ein Widerspruch! Wir müssen den kreativen Prozeß tatsächlich ausdehnen auf das Aufnahmeverfahren und die Auswahl der Takes. Wenn Gould x-mal ein Stück aufzeichnet, immer wieder verschieden interpretiert, vermutlich jedesmal mit großer, wenn nicht äußerster Konzentration und Verinnerlichung, so wird er sicherlich öfters eine, seiner momentanen Empfindung nach, gültige Lösung gefunden haben. Jede dieser spezifischen Lösungen mag für sich auch ein Kunstwerk sein. Erst die intensive Klausurarbeit mit Abhören und Meinungsaustausch ermöglicht es, über die bloße Sammlung verschiedener Interpretationen hinauszugelangen und „eine Perspektive" zu erhalten. So gesehen wird erst auf dieser Stufe, in der das Urteil fällt, der Zustand von „ecstasy" abgeschlossen.

Gould hat häufig die Zusammenstellung des endgültigen Bandes für die Schallplattenpressung mit dem Zusammenschnitt des Filmmaterials für den endgültigen Film verglichen. Payzant interpretiert ihn wohl auch richtig, wenn er die dem Film seit seinen Anfängen zugestandenen Mittel analog auf die Plattenaufnahme übertragen wissen will:

„Early in the history of this art the camera became a commentator on the action, a character in the narrative, an analyst of plot and motive. It is not a mere recipient of images."[52])

Ersetzt man das Wort Kamera durch Mikrophon und zieht andere technische Manipulationen in Betracht, so lassen sich durchaus Parallelen mit Goulds „New Philosophy of Recording" feststellen. Wir wollen den Vergleich aber nicht über Gebühr strapazieren, läßt sich doch eine gewisse Unvergleichbarkeit der Medien Schallplatte und Film, die beide ihre eigenen Gestaltungskriterien und ihre künstlerische Eigenständigkeit haben, nicht leugnen. Für Gould jedenfalls war konservierte Musik kein Surrogat für Live-Musik, sondern eine autonome Kunstform mit eigenen Gesetzen und Freiheiten, ein schier unerschöpfliches Reservoire modernen Kunstschaffens.

Die Kulmination seiner „New Philosophy" sah er jedoch weniger in seinen zahlreichen Plattenaufnahmen, als in seinen Radio-Dokumentationen. In diesen Schöpfungen aus Sprach-, Geräusch- und hie und da wohl auch Musikkompositionen, konnte er erst die Kunstgriffe, mit denen er als Musiker experimentiert hatte, ins Extreme steigern, in ihnen erst seine künstlerisch-technischen Ambitionen ausleben. Diese hochkomplexen akustischen Materialorganisationen, vergleichbar mit manchen Hör-Bildern Luc Ferraris oder John Cages Roaratorio-Hörspiel, geben Goulds musikalisches Weltbild und Wertsystem wieder, das „durch einen ausgeprägten Nord-Süd-Gegensatz"[53]) bestimmt war. Er haßte die Sonne und das unstete öffentliche Treiben. So paradox es scheinen mag, aber er liebte den grauen Wolkenhimmel über Toronto und die Einsamkeit des nicht gerade lieblichen kanadischen Nordens. Fast möchte man darin etwas Selbstzerstörerisches sehen, litt er doch zeitlebens an einem manischen „cold complex"[54]) und hüllte sich selbst bei warmen Temperaturen in dicke Winterkleidung. In seinem 1967 zum ersten Mal gesendeten Hörspiel "The Solitude Trilogy" wird seine Liebe zum Norden thematisiert: "The Idea of North", "The Latecomers" und "Quiet in The Land" sind seine drei Teile überschrieben! Im Mittelpunkt der Handlung stehen Menschen, die die Isolation akzeptieren und der Zivilisation den Rücken gekehrt haben. Gould war sich aber der Gefahren menschlicher Isolation – in die er sich freiwillig zurückgezogen hatte – durchaus bewußt. In "The Idea of North" warnt eine Stimme:

„The biggest danger of all is getting lost."[55])

Die frühen Radio-Dokumentationen entstanden für CBC, die ersten beiden Teile von "The Solitude Trilogy" sind auf Platte erhältlich.[56]) Ferner entstanden Radio-Portraits von Stokowski, Casals, Schönberg und Strauss, die man sich natürlich nicht wie herkömmliche Künstler-Portraits vorstellen darf. In der Dokumentation über Schönberg beispielsweise hört man Krenek und Cage simultan sprechen, während im Hintergrund ein Gregorianischer Choral, vermischt mit Musik von Dufay, Machaut und Stockhausen, erklingt. Später produzierte Gould im eigenen Studio, wo er nach seinen Vorstellungen „in the New Philosophy manner"[57]) arbeiten konnte. Nach Payzants Schilderung genügten ihm die technischen Einrichtungen der CBC-Studios nicht mehr. So verließ er schließlich CBC, hielt aber den seit den fünfziger Jahren bestehenden engen Kontakt für Radio- und Fernsehshows sowie für Klavieraufnahmen weiterhin aufrecht. In den Produktionstagen war er von fieberhafter Hektik ergriffen, arbeitete verbissen und ruhelos und versuchte „to make four hands do the work of eight"[58]). Von diesen Radio-Dokumentationen existieren nur wenige Besprechungen. In Europa sind sie sowieso kaum bekannt. Robert Hurwitz gab in der New York Times seinen Eindruck über "The Solitude Trilogy" wieder als

> „comparable to sitting on the IRT (New Yorker U-Bahn) during rush hour, reading a newspaper while picking up snatches of two or three conversations as a portable radio blasts in the background and the train rattles down the track..."[59])

Payzant beschreibt den Anfang von "The Idea of North": Eine Frauenstimme murmelt Unverständliches über Schnee, Robben, Polarbären und halbzugefrorene Seen. Eine männliche Stimme kommt hinzu, dann eine weitere. Alle sprechen durcheinander. Die Stimmen werden immer lauter, erreichen innerhalb von drei Minuten ein fff und werden schließlich mit etwas, das sich wie eine barocke Trio-Sonate anhört, verwoben. Aus diesem Tohuwabohu dringt plötzlich die Stimme Goulds, der sich und sein Programm vorstellt. Das Trio verschwindet und das typische Geräusch eines fahrenden Zuges ist zu hören: Die Fahrt nach dem kanadischen Norden, von Winnipeg aus nach Fort Churchill, Manitoba. Gould bestand darauf, daß es sich bei seinen „contrapuntal radio"-Dokumentationen[60]) um Musikkompositionen handelt, denn er suchte nach den musikalischen Qualitäten der menschlichen Sprache, vor allem nach den Möglichkeiten ihrer fugalen Überlagerung – deshalb der Zusatz „contrapuntal". 1970 sagte Gould in einem Interview:

„The whole idea of what music is has changed so much in the last five years. I feel something quite remarkable happening because I think that much of the new music has a lot to do with the spoken word, with the rhythms and patterns, the rise and fall and inclination, the ordering of phrase and regulation of cadence in human speech... I think our whole notion of what music is has forever merged with all the sounds that are around us, everything that the environment makes available.[61])

Menschliche Stimmen oder Geräusche werden collageartig wie die Stimmen eines polyphonen Musikstücks ineinander verflochten. Der Hörer achtet auf den Verlauf der einzelnen Stimmen, wie er dies beispielsweise bei einer Fuge tut. Gould nannte das Ergebnis „realistisch".[62]) Alle möglichen Umweltgeräusche, die uns mehr oder weniger ständig umgeben, werden auf Tonband aufgezeichnet und im Studio nach künstlerischen Gesichtspunkten miteinander verknüpft. Mitte der fünfziger Jahre verfaßte Gould sein erstes Radio-Hörspiel mit dem Titel "Glenn Gould on Sports", eine Persiflage auf Sportinterviews, in der Gould sowohl sich selbst in der Rolle des Interviewers als auch die Rolle der Gäste, eines Kajakchampions aus einem kleinen arktischen Dorf und eines kanadischen Boxers der Weltergewichtsklasse, namens Dominico Pastrano, spielt.Gould spricht über das kanadische Hockeyteam, über die Schachweltmeisterschaft zwischen Fischer und Spassky und über Boxkämpfe sowie beiläufig auch über Musikkritiken, die ihn oft verteufelt an Sportberichte beflissener Reporter erinnerten. Hier fehlt es natürlich nicht an subtilen Seitenhieben. Eigentlich aber geht es um eines seiner Hauptthemen: Die „moralischen Vorteile" der Technologie und die Verteidigung seiner Flucht vor dem „blutigen Wettbewerb" auf dem Konzertpodium.[63]) Mit den ersten Versuchen auf diesem Gebiet war er unzufrieden. Sie waren ihm zu „linear".[64]) Diese Produktionen stellen wohl so etwas wie ein Mixtum compositum dar aus Musik, Drama und anderen Genres, mit journalistischem, anthropologischem, ästhetischem, sozialem und zeitkritischem Anstrich.

Gould selber hat die Meinung der Musikwelt, „nur" ein Pianist zu sein, niemals akzeptiert. Er selbst fühlte sich viel mehr zum Schreiben und Komponieren berufen und wollte, wie er sagte, das professionelle Klavierspielen mit fünfzig an den Nagel hängen! Daß diese Behauptung nicht nur ein leeres Gerücht gewesen ist, zeigt seine letzte, noch unveröffentlichte Aufnahme: Eine Transkription von Wagners „Siegfried-Idyll" für Kammerorchester, dirigiert von Glenn Gould. Als nächste Projekte waren ein Klavierkonzert mit Gould als Pianist und – in einem anderen Take – als Dirigent, ferner die Metamorphosen von Richard Strauss geplant. Betrachtet man sein Lebenswerk, so hat er sich zwar immer intensiv mit Musik beschäftigt, doch nie eingleisig durch das Medium Klavier. Das Bild, das wir uns in erster Linie von ihm als Pianisten gemacht haben, bedarf unbedingt der Ergänzung, denn daß er mehr konnte als phantastisch Klavierspielen, steht außer Zweifel.

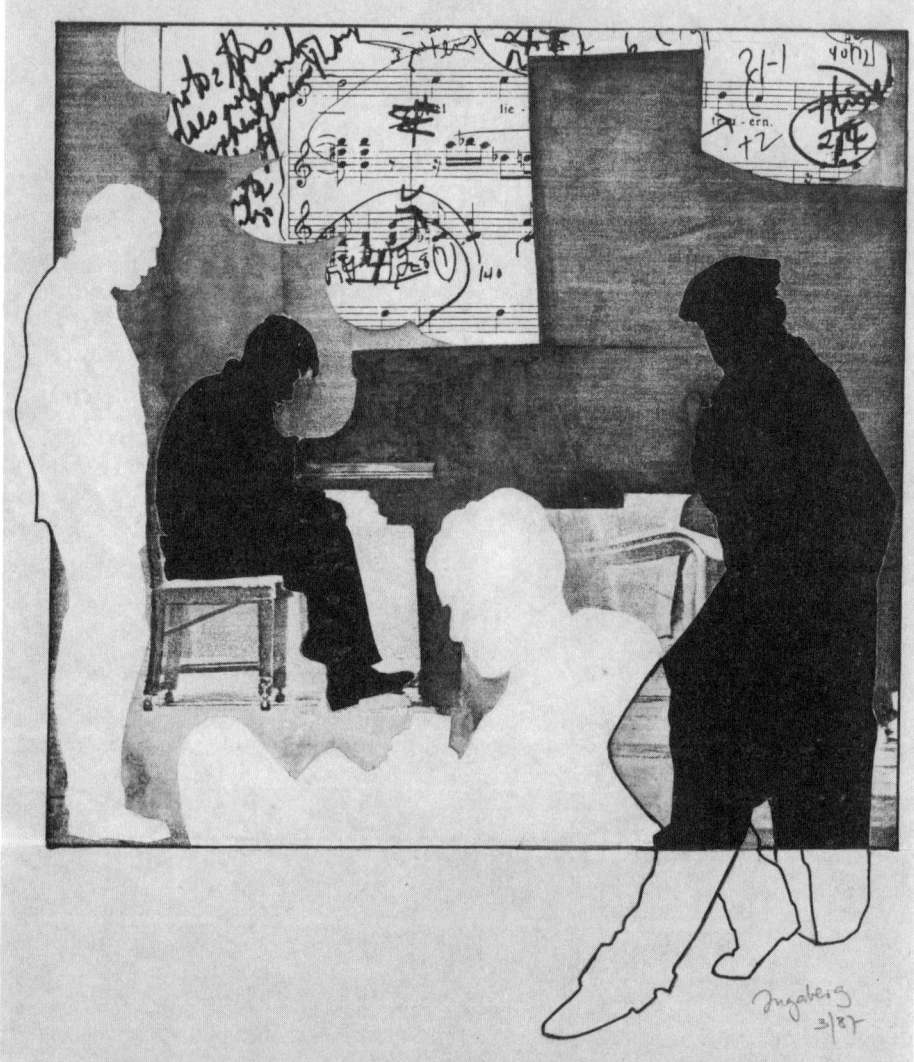

Auffassung von Musik und Verhältnis zum Musikinstrument

„Art is not convenience, is not just <u>one</u> feature of some structure; it is an independent organism and each single representation of it is independent as well. It is its intrinsic nature to be released by the noblest aspiration of man and addressed to the noblest aspiration of man, to be released by man's profoundest demands on himself, by his conscious desire for contact with invisible reality and unequivocal truth."[1])

Diese Äußerung Arthur Schnabels aus dem Jahre 1969 könnte so oder ähnlich auch von Glenn Gould stammen. Im wesentlichen decken sich die künstlerischen Vorstellungen der beiden Pianisten, und Gould hat Schnabel immer wieder gerne zur Untermauerung seiner Thesen zitiert. Bevor ich mich mit Goulds Schriften auseinandergesetzt hatte, neigte ich eher zu der Meinung, er sei in seinen Aussagen voller Widersprüche und unberechenbar. In Wirklichkeit aber ist er in den Hauptpunkten seiner Argumentation von einer bemerkenswerten Konsequenz. Im folgenden soll versucht werden, seine Auffassung von Musik und sein Verhältnis zum Musikinstrument, insbesondere zum Klavier anhand einiger Schwerpunkte darzulegen.

Betrachten wir zunächst das Schnabel-Zitat etwas genauer. Es enthält zwei wesentliche Aussagen zur Kunst, zu ihrer Form und zu ihrer Entstehung: Kunst sei ein „unabhängiger Organismus", besitze keine absolut feste, strukturierte Form – und sei schon gar nicht eine simple Annehmlichkeit, eine bequem zu konsumierende Sache. Jede einzelne künstlerische Arbeit sei in derselben Weise unabhängig. Zum innersten Wesen der Kunst gehöre, daß sie aus dem edelsten Streben des Menschen hervorgeht und wiederum an dieses gerichtet ist, daß sie den stärksten Ansprüchen, die der Mensch an sich stellt und dem bewußten Verlangen nach der unsichtbaren Realität und der absoluten Wahrheit entspringt. Wenn wir uns die bisherigen Äußerungen Goulds zum Musikmachen auf dem Podium und im Studio vergegenwärtigen, zeigen sich deutlich Parallelen im Denken der beiden Künstler: Unabhängigkeit in der Interpretation des Werkes, höchstes Arbeitsethos und die Suche nach der Kunst an sich. Kunst wird eher als etwas „Intimes und

73

Privates" angesehen. Der Künstler sollte somit weniger in der Funktion eines „Gebers" auftreten, der Kunst um des Publikums willen schafft, er sollte sich vielmehr selbst in der Rolle des „Nehmenden" fühlen, der vom Werk seine Antriebskraft und Inspiration erhält. Nicht der Künstler „gibt", sondern das Kunstwerk selbst. Dieser Vorgang des „Nehmens", also die Aneignung des Werkes, hier des Musikstückes, ist nach Schnabel ein subjektiver und äußerst sensitiver Akt. Er spielt sich ausschließlich zwischen dem Werk und dem rezipierenden Künstler ab. Das Publikum hat daran überhaupt keinen Anteil. Die „selbständige Struktur", die Schnabel dem Kunstwerk zugesteht, hat zwangsläufig die Individualität jeder künstlerischen Interpretation zur Folge. Diese Art der künstlerischen Arbeit schließt die bis ins Detail ausgefeilte und für den Konzertsaal vorbereitete Interpretation aus. Schöpferische Betätigung muß die gültigen Konventionen ständig auf ihre Aussage hin überprüfen und, von diesen unabhängig, nach immer neuen Wegen suchen. Um aber jener „unsichtbaren Realität" und „absoluten Wahrheit" des Kunstwerks auf die Spur zu kommen, genügt es nicht, am Notentext und Instrument festgeklammert, das Stück nach bestem Wissen und Gewissen einfach nur zu spielen, der Künstler müsse sich vielmehr – von physikalisch-akustischen Gesetzmäßigkeiten gelöst –, ganz in das Innere, das Geistige der Musik, versenken. Payzant verwendet hierfür den philosophischen Begriff Idealismus.[2]) Musik ist demnach zu allererst ein geistiges und in zweiter Linie ein physikalisches Ereignis. Payzant stellt der idealistischen die empiristische Musikauffassung gegenüber: Nicht die Vorstellung sei die Wurzel und das innerste Wesen der Musik, vielmehr leiteten sich musikalische Ideen erst von sinnlichen Erfahrungen ab, von hörbaren, fühlbaren und sichtbaren Stimulanzien. Dazu gehören beim Musikmachen alle äußeren Gegebenheiten: Der rein mechanische Ablauf beim Produzieren und Hören von Klängen, die visuellen Erfahrungen, z.B. das Notenlesen oder die Beobachtung anderer Musiker, sowie die durch solche Eindrücke ausgelösten Gefühle. Goulds Einstellung zur Musik war von idealistischen Merkmalen geprägt. Payzant formuliert das sehr anschaulich: Gould habe die Musik nicht gespielt, sondern sie

„gedacht". Bezeichnend dafür war sein Einstieg in ein neues Musikstück. Zuerst studierte er den Notentext, ließ sich alle möglichen (und wohl auch unmöglichen) Deutungen durch den Kopf gehen, lernte den Text vollständig auswendig und erst dann, wenn er das Werk „hatte", begab er sich ans Instrument. Dazu gehörte, wie bereits angesprochen, daß er bei kammermusikalischen Aufnahmen auch den Part seiner Mitspieler und -sänger vollkommen beherrschte und spielen konnte.

Die kanadische Altistin Maureen Forrester erzählt, Gould habe sie bei ihrer ersten gemeinsamen Produktion gefragt, ob es ihr etwas ausmache, wenn er aus dem Gedächtnis spiele. Mit einer geöffneten Partitur vor Augen, sei er ständig am „Nachkomponieren" und Analysieren. Ohne Noten könne er sich viel besser auf die Arbeit konzentrieren.[3] Er ließ sich bei seinen Interpretationen nie vom Gefühl leiten, sondern spielte nach sorgfältig eruierten Erkenntnissen aus dem Notentext.

Gould trennte den Begriff „Klang" in zwei Bereiche, in den physikalischen oder rein äußeren, wahrnehmbaren Bereich und den geistigen oder inneren, den Sinnen entzogenen Bereich. Diese Klänge nannte er zwingender, interessanter, „realer", als es physikalische Klänge jemals sein könnten. Er ging sogar so weit zu behaupten, die beste Musik sei die gedachte, nur in der Vorstellung existierende Musik. Selbstverständlich war sich Gould des Überzogenen oder besser Fiktiven dieser Behauptung bewußt. Ihm war auch klar, daß der Urzweck von Musik ihre Realisierung in Form sinnlich wahrnehmbarer Klänge ist. Er hat hier lediglich seine theoretische Position konsequent zu Ende gedacht.

An dieser Stelle ist es angebracht, einiges zu seinem „Schnaufen, Seufzen und Singen"[4] während des Spiels zu sagen, das ja so etwas wie sein Markenzeichen geworden ist. Der amerikanische Psychiater Peter F. Ostwald schreibt in seinem Buch "The Semiotics of Human Sound" über den Zusammenhang zwischen dem Summen als vokaler Äußerung des Menschen und „einem umfassenderen Rückzug von den Realitäten der äußeren Welt".[5] Unzufriedenheit mit diesen „Realitäten" wird häufig durch die Flucht in eine imaginäre Welt kompensiert. In diesem Fall könnte Goulds

Mitsingen als der unbewußte Versuch interpretiert werden, sich den hörbaren Aspekten seines eigenen Spiels – beispielsweise der Klangfarbe des Klaviertons oder den mechanischen Bedingungen des Instruments –, die seine geistige Vorstellung zwangsläufig nicht erreichen konnten, zu entziehen. Payzant berichtet, Gould habe seit seinem dritten Lebensjahr Klänge, die in seiner Vorstellung existierten, er aber wegen seiner kleinen Hände noch nicht greifen konnte, durch die Stimme ergänzt. Wolfgang Schreiber deutet Goulds Mitsingen als Einbringen seiner Subjektivität, als bewußte Störung der technologischen Aufnahme-Perfektion, die gerade eines seiner ausgesprochenen Ziele war:

> „Und dann summte und sang er mit beim Klavierspiel, als befände er sich allein in seinen vier Wänden. Ein Paradox, ein heimtückischer Anschlag gegen jede technologische Perfektion. So schickte Gould quasi durch die Hintertür seine Subjektivität ins Treffen, die er sich von niemandem abhandeln, abkaufen ließ.“6)

Goulds eigene Erklärung ist sehr einfach und plausibel: Er spiele besser, wenn er mitsingt! Jeder Musiker weiß, daß der Weg von der musikalischen Vorstellung zu ihrer klanglichen Realisierung am Instrument – ganz abgesehen von der technischen Bewältigung – sehr weit und mühevoll sein kann. Um wieviel leichter tut sich da die menschliche Stimme, mit ihrer feinnuancierten Modulationsfähigkeit die natürlichen Hebungen und Senkungen, Linien, Kantilenen usw. zu markieren und damit eine Brücke zu bauen zwischen Imagination und Realität:

> „I think there's a wishful thinking aspect... THAT is the way I would like my phrases to be made, and I'm never able to do that at the keyboard.“7)

Das würde also bedeuten, daß Gould mit dem, was er auf dem Instrument hervorbrachte, nie vollends zufrieden war und, um seine Vorstellung zu verwirklichen, nach einem Ausgleich mit der Stimme suchte. Vielleicht liegt in dieser Unzufriedenheit auch ein Grund für sein ständiges Streben nach neuen Ausdrucksformen und absoluter Perfektion.

Nichts zeigt die idealistische Auffassung Goulds deutlicher, als seine Vorlieben und Abneigungen in bezug auf bestimmte Komponisten. In einem Gespräch mit dem französischen Geiger und

Filmemacher Bruno Monsaingeon hat Glenn Gould abgesteckt, was er mag und was nicht, und seine Position auch begründet. Er begann mit einer „Art Bekenntnis": Wenn es um Musik geht, habe er „so etwas wie einen hundertjährigen Fleck", ungefähr abgegrenzt „durch die Kunst der Fuge auf der einen und den Tristan auf der anderen Seite, und alles, was dazwischen liegt, ist mir bestenfalls Anlaß zur Bewunderung, aber nicht zur Liebe". Dieser „blinde Fleck" schließt in der Tat vom späten Bach und mittleren bis späten Wagner die gesamte traditionelle Klavierliteratur mit ein, die zum Standardrepertoire der Konzerpianisten gehört: Mozart, Beethoven, Schubert, Chopin, Schumann, Brahms. Damit hat sich Gould pianistisch und intellektuell zum Außenseiter gemacht. Diese Musik habe „bestenfalls eine eingeschränkte emotionale Wirkung" auf ihn. Einige Ausnahmen läßt er gelten:

> *...einige Haydn-Kompositionen und ein paar Stücke der Bach-Söhne, gewiß; die eher idyllische Seite Beethovens Op. 28... ich kann mir nicht vorstellen, was mich immer wieder und mehr ergreifen könnte und durchgehend schöner wäre als diese sanften, quartettartigen Strukturen;...Und ganz sicherlich und selbstverständlich würde ich eine Ausnahme machen für so etwas wie die Große Fuge, die zwar überhaupt nichts Idyllisches hat, mich aber trotzdem als eines der Wunderwerke der Musik anrührt. Und dann ist da noch Mendelssohn – jedenfalls wenn er nicht gerade für das Klavier komponiert hat...*"

Das Beethoven-Violinkonzert bringt ihn „absolut auf die Palme". Die ganze mittlere Periode der „Ich-Explosion" bei Beethoven langweilt ihn „zu Tränen". Und wie steht's mit Mozart? „Um es so auszudrücken, es handelt sich nur um eine Abneigung unter vielen." Also auch der von der gesamten abendländischen Musikkultur am meisten verehrte Komponist hat in seinem kritischen, kompromißlosen Musikdenken keinen Platz. Vor allem die Werke der späten Jahre, in denen Mozart zu einem „mittelmäßigen" Komponisten geworden sei, könne er „nicht leiden". Und um Mozart überhaupt spielen zu können, mußte er „intellektuelle Scheuklappen" tragen. Er räumt aber ein, daß es aus der frühen Periode einiges gibt, dem „ich wirklich Zuneigung entgegenbringe". Gould hat zwar sämtliche Klaviersonaten von Mozart eingespielt, aber nur die früheren mit Freude, die restlichen lediglich der Vollständigkeit halber – und das sind wohl für viele seiner Hörer die befremdensten Aufnahmen, die er je gemacht hat. Welche Begründung gibt er uns nun für seine nicht so ohne weiteres zu verkraftenden Einschränkungen? Er vermisse – auf einen Nenner gebracht – die kontrapunktische Gestalt und das klare lineare Profil:

> *„Was dies vielleicht wirklich bedeutet ist, daß ich mich besser mit induktiver als mit deduktiver Musik zurechtfinde – mit Musik, deren formale Struktur mit der Entwicklung einer spezifischen motivischen Idee oder einem Ideenkomplex identisch ist und nicht mit Musik, in welcher die Materialien nach einem vorherbestimmten Plan diesem zwangsweise angepaßt werden... So meine ich, daß man die meisten Bach-Fugen wohl induktiv nennen müßte.“8)*

Gould hatte also nicht viel übrig für Musik, die den Zwängen eines vorherbestimmten harmonischen Ablaufs – wie beispielsweise in der Sonatenhauptsatzform – unterworfen ist. Die kontrapunktische Musik dagegen hat keine „Mußkonzeption“ und entwickelt sich nach einem freien Modulationsplan:

> *„Der Fugenkomponist kann modulieren, so viel er will.“9)*

Die Musik des neunzehnten Jahrhunderts besitze also mehr empiristische als idealistische Merkmale, d.h. sie sei instrumentalspezifisch angelegt, während Musik als geistiges „Geschöpf“ nicht an ein bestimmtes Instrument mit festgelegten Spiel- und Klangeigenschaften gebunden ist:

> *„Ich glaube, es gibt zwei Arten von Komponisten. Auf der einen Seite sind die Paganinis oder Liszts, sie schöpfen die Möglichkeiten ihres jeweiligen Instruments bis ins letzte aus. Auf der anderen Seite ist der Komponist, der sich vornimmt, ein Stück zu schreiben, das beim Betrachten des Notenbildes der persönlichen Vorstellungskraft freien Raum läßt, ein Stück, bei dem die Struktur dominiert und die Wahl des Instrumentariums sekundär ist.“10)*

Hier also die Klangcholoristen, Sensualisten, Melodiker – dort die Architektoniker, Rationalisten, Strukturisten. An Chopin, einem trefflichen Beispiel für empiristische Komponierweise, hatte Gould einiges auszusetzen. Summiert man seine Chopin-Bemerkungen, so stellt sich heraus, daß er dieser Musik gegenüber keinerlei Affinität und Ambitionen verspürte. Es gäbe aber durchaus Interpreten, die Chopin ganz wundervoll spielten, Weissenberg zum Beispiel:

„He has Chopin in his blood the way I have Hindemith in mine.“[11])

Chopins Musik sei für das Klavier maßgeschneidert – allerdings im negativen Sinn:

Hier stört ihn das Auseinanderklaffen von pianistischem Gewand und kompositorischem Körper.[12])

Chopin habe beim Komponieren an das Klavier als ein nur rein homophones Instrument gedacht. Gould wollte es aber ganz anders verstanden wissen:

„I think the piano is a contrapuntal instrument and only becomes interesting when it is treated in a manner in which the vertical and horizontal dimensions are mated. This does not happen in most of the material written for it in the first half of the nineteenth century.“[13])

Chopins Musik sei zwar voller „chromatischer Effekte, er werfe mit Noten nur so um sich, aber kompositorisch finde sich kaum etwas Wertvolles“.[14]) Aus dem Anfang der sechziger Jahre stammt der folgende Ausschnitt eines Interviews, in dem Vincent Tovell Glenn Gould zu dieser Thematik befragte:

V.T.: You don't find yourself wanting to play Chopin, for instance?

G.G.: No, I don't. It's something that just doesn't go on me. I play it in a weak moment, maybe once or twice a year for myself, but it doesn't convince me... When I hear it superbly played by the right person, I can be convinced by it, if only briefly. Chopin was obviously a tremendously gifted man. I don't think, however, that he was a great composer. In large-scale structures, he failed almost altogether. I think that, as a miniaturist, he was superb; as a setter of moods, unparalleled; as someone who unterstood the piano, certainly unprecedented. But, still and all, he is not a composer that I rest easy with.

V.T.: It's not enough for you, then, that the composer be a pianist's composer in the sense of knowing exactly what you can get from the piano.

G.G.: No. As a matter of fact, most of the composers that I play are in my repertoire for other reasons altogether...

V.T.: What composer would you say has written most perfectly for the piano?

G.G.: Well, I think I would be like everybody else and probably say Chopin: if the piano means to you what it meant to Chopin – let's put it that way. It doesn't mean that to me. Because, if the piano is to be used to its fullest, it means an indulgence in many things for which I have a very strong aversion. One of them is the pedal.[15])

Besonders gerne spielte Gould Johann Sebastian Bach, Arnold Schönberg und Orlando Gibbons, dessen Hymne "Thus Angels Sang" er als das faszinierendste Stück in der gesamten Musikgeschichte bezeichnete.[16]) Alle drei Komponisten seien genial in der formalen Anlage ihrer Werke und den jeweiligen Klangmöglichkeiten des Instruments gegenüber vollkommen gleichgültig:

> *Like Beethoven in the last quartets, or Webern at almost any time, Gibbons is an artist of such intractable commitment that, in the keyboard field, at least, his works work better in one's memory, or on paper, than they ever can through the intercession of a sounding-board.*"[17])

Gott sei Dank war Gould nicht so stur, Gibbons Musik nur in seinem Geist "arbeiten" zu lassen. Wie sein Debut-Programm in den Vereinigten Staaten und seine Platteneinspielung beweisen, hat ihm die Auseinandersetzung mit diesem Komponisten auch am Klavier großes Vergnügen bereitet. Die Kunst der Fuge gilt wohl nach idealistischer Auffassung als paradigmatisch. Über dieses Werk, das letzte von Bach eigenhändig niedergeschriebene, ist viel spekuliert worden. Für uns ist in diesem Zusammenhang interessant, daß eine Angabe zur Instrumentierung fehlt. Folglich existieren verschiedenste Bearbeitungen für Cembalo und Klavier, aber auch für Blas- und Streichensembles, Jazz-Combos oder Gesangsgruppen. Gould bemerkt hierzu:

> *And this magnificent indifference to specific sonority is not least among those attractions which emphasize the universality of Bach.*"[18])

Just What Is It that Makes Today's Homes
so ... Gouldian?
or G.G. Makes Every Jewel Sing.

Regen in die Traufe kommen:
...ßstädte.

The Grass Is Always
Greener

Trotz der „monumentalen Proportionen" in diesem Werk empfindet er eine Aura des Sichzurückziehens von den „pragmatischen Bedingungen des Musikmachens"[19]) in eine idealisierte Welt kompromißloser Erfindungsgabe. Auch an Schönberg bewundert er vor allem die „Indifferenz" gegenüber dem Instrument:

> „...with the appearance of each successive work, the piano per se meant less and less to him (Schönberg) ...Schoenberg does not write against the piano, but neither can he be accused of writing for it. There is not one phrase in his keyboard output which reveals the least indebtedness to the percussive sonorities exploited in an overwhelming percentage of contemporary keyboard music."[20])

Ebenso hat er Schnabel nicht zuletzt wegen seines Desinteresses für das Klavier als Instrument geschätzt. Von sich selber behauptet er:

> „I don't happen to like the piano as an instrument. I prefer the harpsichord. Of course I'm fascinated by what you can do with the piano, and I can sit for hours and play it, but I love to force it out of its inhibitions. My sense of tactilia is that of the harpsichordist, so I'm at home as a Baroque musician. Also, I trained as an organist and that gives me a sense of horizontal line rather than vertical line."[21])

Daß sein „Tastgefühl" tatsächlich dem eines Cembalisten entsprochen hat, können wir ihm nicht ganz abnehmen. Auf seiner Cembalo-Einspielung der Suiten Nr. 1 bis 4 von G.F. Händel hört man deutlich den Pianisten Glenn Gould heraus.
Die Transkription eines Werkes sei nun so etwas wie ein Test: Sie fördere zutage, ob der Komponist nach idealistischen oder empiristischen Gesichtspunkten gearbeitet hat. Neben Chopin sind Berlioz und Tschaikowsky typische Empiristen. Gould würde sagen, sie denken in Klängen und nicht in Strukturen. Daher ist ihre Musik weniger für Transkriptionen geeignet. Das Original ist eindeutig auf eine bestimmte Klangrealisierung ausgerichtet, die Ergebnisse einer Transkription somit selten zufriedenstellend. Idealistisch komponierte Musik dagegen bietet viele Möglichkeiten der Instrumentierung. Der „Geist" des Stückes bleibt dabei unangetastet. Das Entscheidende an der Qualität einer Transkription ist, daß sie nicht wie eine solche klingt. Für Idealisten wäre die vollkommene Partitur eine „indifferente", d.h. ein von der klanglichen Verwirklichung her neutraler Notentext. Gould hat selbst Trans-

81

kriptionen von Orchesterwerken für Klavier geschrieben und auch auf Platte gespielt: drei Orchesterwerke von Richard Wagner: Vorspiel zu den „Meistersingern", „Morgengrauen" und „Siegfrieds Rheinfahrt" aus der „Götterdämmerung" und das „Siegfried-Idyll"[22]). Hören wir dazu einen Ausschnitt aus dem Covertext dieser Schallplatte:

> „In this album, Glenn Gould demonstrates another facet of his Protean musical personality. With these performances of his own transcriptions of excerpts from the works of Richard Wagner, he proves, beyond doubt, to be an interpreter whose knowledge of his basic material reveals a true correspondence of feeling with the original author. More, he shows himself to be a creator of extraordinary imagination and fidelity in his translation of Wagner's orchestral sonorities into the language of the piano."

Auf Platte gibt es ebenfalls die Liszt-Transkription von Beethovens fünfter Sinfonie[23]) („obwohl er Liszts tremoli verabscheut(e)"[24]). Gould transkribierte gerne aus dem Stegreif, beispielsweise Richard Strauss, Jean Sibelius und Richard Wagner. Die Frage, ob die Transkription überhaupt ein legitimes musikalisches Mittel darstellt, wird ganz unterschiedlich beantwortet. Von den meisten Musiksachverständigen wird sie rundum abgelehnt, da sie nicht der ursprünglichen Intention des Komponisten entspreche und diese „entstelle". Ferruccio Busoni, ein Verfechter der Transkription, schreibt in seinem „Entwurf einer neuen Aesthetik der Tonkunst"[25]), jede Notation eines musikalischen Einfalls sei schon Transkription, weil dadurch die „Originalgestalt" verlorengehe. Die notwendige Wahl von Taktart, Tonart, Form und Klangmittel stelle bereits eine Einengung dar, sei bereits ein „Arrangement". Die Anfertigung einer zweiten Transkription, falle nun nicht mehr besonders ins Gewicht. Jede irgendwie geartete Interpretation eines Werkes sei ebenfalls eine Transkription, ohne damit das Original „aus der Welt" zu schaffen. Von dieser radikalen Warte aus ist für Busoni natürlich das Problem idealistische/ empiristische Musikauffassung irrelevant, da sich für ihn im Grunde jegliche Musik als idealistisch erweist. Wer Transkription grundsätzlich ablehnt, für den ist gerade dieser empiristische Faktor des Musikschaffens, die Zugehörigkeit von musikalischer Idee und klanglicher Wiedergabe, ausschlaggebend. Eine gut gemachte Transkription kann zweifelsohne zum Verständnis des Werkes beitragen, indem sie es aus einem neuen Blickwinkel darstellt und so andere Aspekte beleuchtet.

Im ersten Kapitel war bereits von der Bedeutsamkeit der Orgel für Glenn Goulds musikalische Entwicklung die Rede. Sie eröffnete ihm den Weg zur Musik Bachs und bestimmte seine Haltung als Pianist, Komponist und Denker. Er hat nie ganz von der Orgel lassen können und keine Gelegenheit versäumt, sie zu spielen. Auf Volume I seiner einzigen Orgeleinspielung sollte wohl auch ein Volume II folgen, ebenfalls liebäugelte er mit den Mendelssohn-Sonaten. Aus all diesen Plänen ist nichts geworden. Wahrscheinlich hat Gould doch nicht genügend Zeit gefunden, systematisch an der Orgel zu arbeiten. Mir erscheint es ohnehin fraglich, ob so grundsätzlich verschiedene Spieltechniken wie auf dem Klavier und der Orgel vereinbar sind. Sowohl Klavier- als auch Orgelpädagogen behaupten immer wieder, daß sich das parallele Studium eher schädlich auf die Technik auswirke. Beethoven und Schumann schienen da anderer Meinung zu sein. Beide empfahlen das Orgelspiel zur Verbesserung der Klaviertechnik; Schumann legte es auch jedem Komponisten ans Herz, da die Orgel zu größerer Klarheit der musikalischen Struktur verhelfe. Auch Gould hatte sich anscheinend diesen Standpunkt angeeignet, wie ein Ausspruch von 1962 zeigt:

> „...every pianist should play the organ. It demands real phrasing."[26])

In einem Radio-Interview von 1959 sagte er:

> „...certain aspects of organ playing... had made a great impression on me. I learned that when you played Bach, the only way to establish a phrase, a subject, a motive of any kind, was not to do as one would with Chopin – you know, try to make a crescendo in the middle of the thing – but to establish it by rhythmic gasps and breaths. One had to have an entirely different approach, something that was based, really, on the tips of the fingers being responsible for the whole action..."[27])

Im gleichen Interview sprach er von dem „sense of spread", den ihm die Pedalstimme vermittelt habe. Bemerkenswert ist hier, daß diese Aussagen in erster Linie empiristisch sind: Die Orgel gab ihm einen „Sinn von Weite", ein bestimmtes Bewußtsein der Baßlinie, eine Tendenz, den Fingern die Arbeit zu überlassen. Auf diese Weise kontrolliert das Tastgefühl die geistige Vorstellung, das Instrument wird zur Quelle der Ideen und nicht – wie von den Idealisten gefordert – umgekehrt. Ich meine, diese Ungereimtheit zeigt deutlich, daß sich idealistische und empiristische Gesetzmäßigkeiten nicht trennen lassen, sondern beim Musikmachen automatisch zusammenwirken. Rein idealistisches Gedankengut bewegt sich bestenfalls in musikalischen Theorien.

Gould hat über seine Erfahrungen mit dem Cembalo wenig geäußert, obwohl er es nach seinen Worten sehr geliebt hat.

> *I love the sound of the harpsichord and the effects that are possible with it, but it upsets my piano playing. It's just too disturbing to make the transition from one instrument to the other.*[28]

Er gibt hier offen zu, daß ihn spieltechnische Gründe davon abgehalten haben, Cembalo zu spielen – im Grunde auch, wie ich vermute, die Ursache für seine unausgeführten Orgelpläne. Seine einzige Cembalo-Platte mit Suiten von Händel wurde im März, April und Mai 1972 aufgenommen[29]. Eigenartigerweise hat sich Gould für diese Einspielung – wie übrigens auch für die Orgelaufnahmen – auf dem Klavier vorbereitet. Er suchte also nicht nach den charakteristischen Eigenschaften des Instruments, sondern versuchte offensichtlich, das Klavier auf das Cembalo zu übertragen – was ihm bei den Kritikern natürlich keine Lorbeeren eingebracht hat. Hören wir dazu die fachkundige Meinung der Cembalistin Silvia Kind:

> *Die Basis für das Cembalospiel ist – nach Couperins Rat – eben doch das Legato (was natürlich gelegentliches Nonlegato nie ausschließt). Aber so wunderbar Glenns Nonlegato auf dem Klavier tönt – auf dem Cembalo wirkt es nicht, wenn es zuviel angewendet wird.*[30]

Vielleicht sollte man diese Aufnahme anders sehen – vor allem nicht mit dem vollen Ernst der Kritiker. Goulds Zurückstellung des Instruments – aus den eben erwähnten spieltechnischen Gründen – und seine Aufnahmevorbereitung – auf dem Klavier – stellen die absolute Ernsthaftigkeit des ganzen Unternehmens eher in

Frage. Von einer solchen Warte aus kann man das Instrument natürlich nicht instrumentengerecht behandeln. Kritik in dieser Richtung ist also überflüssig. Hier steckt etwas anderes dahinter: Goulds Experimentierfreudigkeit mit allem, was die Musik bietet. Unter solchen Vorzeichen kann man die Platte mit ausgesprochenem Vergnügen hören, kann herzhaft über Goulds Einfälle der Registrierung und über die forcierte Mitwirkung des typischen mechanischen Geräusches am Gesamtklang lachen. Das Einspielen der Stücke auf dem Cembalo ist natürlich eine künstlerische Entscheidung – vor allem, wenn sie publiziert und einer kritischen Musikwelt zur Begutachtung vorgelegt wird. Die Platte ist aber auch – und vermutlich zuallererst – ein Versuch, weniger für eine Händel-Interpretation als für eine akustische Demonstration; sie ist so ein weiterer Beweis, die gewohnten Hörerfahrungen durch technische Eingriffe nachhaltig zu verändern. Weniger Ernsthaftigkeit bei der Kritik wäre hier mehr gewesen.

Gould hat in seinem Leben auf vielen Klavieren gespielt. Zwei davon nehmen eine ganz besondere Stellung ein: Der alte Chickering von 1895, der in seinem Torontoer Appartement stand und einer der letzten Klassiker war, die in Amerika gebaut wurden, und der Steinway CD 318, der hauptsächlich für seine Plattenaufnahmen und Fernsehproduktionen benutzt wurde. Über den Chickering sprach er geradezu ehrfürchtig. Dieser Flügel hatte offensichtlich die Qualitäten, die er von einem guten Instrument erwartete. Wenn er für Konzerte einen zeitgemäßeren Flügel suchte, so mußte dieser in Spielweise und Klangqualität so weit wie möglich seinem Chickering entsprechen:

> *It (der Chickering) is quite unlike almost any other in the world, an extremely solicitous piano with a tactile immediacy almost like a harpsichord's. It gives me a sensation of being so close to the strings and so much in control of everything, whereas modern pianos seem to have power steering – they drive you, instead of the other way around.* "[31])

Für seinen Steinway, ein Vorkriegs-Instrument, den er liebevoll oft nur CD nannte, fühlte er "a greater devotion than to any other piano that I have encountered"[32]). Bis Gould das Instrument erwarb, hatte es bereits eine lange Geschichte hinter sich. Im September 1945 lieferte Steinway & Sohns den Flügel an das T. Eaton Company's Piano Department in Toronto. Hier begegnete der fünfzehnjährige Gould dem Instrument zum ersten Mal. Einige Jahre reiste es mit verschiedenen Pianisten, die mit Steinway für die Benutzung ihrer Flügel unter Vertrag standen, durch Kanada. Etwa 1960 begann Gould sich ernsthaft für das Instrument zu interessieren und verwendete es auf seinen Konzertreisen. Schließlich kaufte er es für 6000 $. 1968 fragte ein Interviewer, der bemerkt hatte, daß der Flügel „a little bit shabby and down-at-the-heels"[33]) aussehe, nach dem Instrument. Gould antwortete:

> *„Well, it's followed me about for rather along time... We've put about seven years into refining certain qualities that it seemed to have natively, and to perfecting them along lines that seemed to me important if one's going to use the piano to peruse the Baroque repertoire, especially. It was essentially designed for Bach."[34])*

Was unter „refining certain qualities" zu verstehen ist, zeigen die Aufnahmevorbereitungen zur Platte mit den zwei- und dreistimmigen Inventionen. Ein erster Versuch für diese Aufnahme, die in den letzten drei Monaten des Jahres 1963 stattfand, wurde abgebrochen, weil Goulds Vorstellung von Klang und Spielweise speziell für die Inventionen mit den tatsächlichen Gegebenheiten des Steinway nicht übereinstimmten. Nach zehnwöchiger Pause, in der das Instrument komplizierten technischen Manipulationen unterzogen worden war, begann Gould seine Arbeit von neuem und vollendete sie innerhalb von zwei Tagen. Der Klavierton war nun so unmittelbar und klar, wie er ihn sich wünschte und wie er für ein sauberes Non-legato – seiner Meinung nach unerläßlich für Bach – notwendig war. Er war offensichtlich über das Ergebnis so glücklich, daß ihn ein leichtes Klicken in der Mittellage, das in langsamen Passagen wie eine Art Schluckauf zu hören ist, nicht weiter störte. Seine früher einmal geäußerte Ansicht, daß für jede Art von Musik ein anderes Klavier erforderlich sei, revidierte er später:

> *„At one time, I found it important to have a different sort of piano for every kind of music that one played. I no longer do. I use it (den Steinway) for everything now: it's my Richard Strauss piano, it's my Bach piano, it's my*

piano for playing William Byrd, the English Tudor composer, and that I've lately been doing with great delight... "[35])

Nach all dem, was wir bis jetzt über Goulds Auffassung von Musik und dem damit verbundenen Verhältnis zum Musikinstrument gehört haben, erstaunt es nicht weiter, daß es ihm in erster Linie nicht auf die Schönheit des Klaviertons ankam:

> *„As long as the piano has a good action, the sound isn't too important.* "[36])

Schließlich war er mehr an Strukturen als an musikalischen Empfindungen interessiert. Musik erlebte er eher als eine Aktivität des Intellekts und weniger als angenehmes sinnliches Stimulans.

Aber das ist doch kein Mozart!

In diesem letzten Kapitel soll auf die Problematik Interpretation und Freiheit des Interpreten eingegangen werden. Wie die vorausgegangenen Kapitel gezeigt haben, hatte Gould in dieser Frage einen besonders exponierten Standpunkt. Ich möchte Glenn Gould ganz bewußt nicht mit anderen Pianisten vergleichen, denn ich sehe keinen Sinn darin, die Spielweise und Interpretation der verschiedenen Künstler – womöglich noch in Komparativsprache – voneinander abzuheben. Anstatt hier mit letzten Endes doch nicht greifenden Worten zu hantieren, sollten wir uns lieber an Bruno Aulich halten, der beschriebene Musik mit einem erzählten Mittagessen vergleicht und damit dem ganzen Für und Wider auf genial einfache Weise den Boden entzieht.

Gould wollte seine Musik auf Platten festhalten, damit sie nicht unwiederbringlich im Äther verschwand und nur noch in einer mehr und mehr verblassenden Erinnerung existierte:

> *„I can never understand how a painter can bear to sell off his work and never see it again. Recordings are so permanent and good for the ego! Twenty minutes after you've given a concert hall performance, not a dozen people can recall what you did that was of any importance.*[1])

Er spielte aber niemals ein Stück – ob live oder auf Platte – um mit irgendjemandem, auch nicht mit sich selber, verglichen zu werden. Interpretation war für ihn eine einmalige und einzigartige im Hier und Jetzt und hatte nichts mit vergangenen oder zukünftigen zu tun. Deshalb war es ihm ein Bedürfnis, einem Werk immer wieder neu auf den Grund zu gehen, Tempo, Dynamik, Ausdruck und Gestaltung immer wieder neu zu wählen. Es ging ihm nicht darum, allgemeingültige Deutungen, seine Deutung dieser Beethoven-Sonate oder dieses Schönberg-Stücks, vorzustellen, sondern seine momentane Auffassung, die morgen schon wieder eine andere sein konnte. Und gerade dieses Streben, die falsche Vertrautheit mit dem Werk – des Spielers wie des Hörers –, die alles bedrohende Gefahr des Konformismus, der nicht zuletzt mit dem Fortschritt musikalischer Konservierungs- und Verbreitungsmechanismen einhergeht, aufzuweichen, machte ihn so kontrovers, machte ihn für die einen zum Genie, für die anderen zum Enfant terrible, zum hoffnungslosen Spinner.

Ein paar grundlegende Betrachtungen zum Terminus Interpretation können hier zum Verständnis beitragen. Das Wort Interpretation leitet sich vom lateinischen „interpretatio" ab und bedeutet Erklärung, Übersetzung, aber auch Auslegung. Der Interpret hat also die Aufgabe des Deutens, Erklärens und Beurteilens. Die Sache nun, die erklärt werden soll, tritt uns hier als musikalischer Text gegenüber, als Symbol für die Musik, die aus der Fixierung der Zeichen aufgelöst und nach der künstlerischen Empfindungsgabe des Interpreten in Bewegung gebracht werden muß. Die Notation von Musik ist zunächst nur ein ingeniöser Behelf, um eine musikalische Erfindung festzuhalten und damit jederzeit wiederholbar zu machen. Sie stellt also keineswegs die Musik selbst dar. Eine gute oder schlechte Interpretation wird an der Relation zwischen textlicher Vorlage und Verwirklichung am Instrument gemessen. Ferruccio Busoni schreibt hierzu in seinem „Entwurf einer neuen Aesthetik der Tonkunst":

> *„Die Gesetzgeber aber verlangen, dass der Vortragende die Starrheit der Zeichen wiedergibt und erachten die Wiedergabe für um so vollkommener, je mehr sie sich an die Zeichen hält... Den Gesetzgebern sind die Zeichen selbst das wichtigste, sie werden es ihnen mehr und mehr; ...Jeder Tag beginnt anders als der vorige und doch immer mit einer Morgenröte. – Große Künstler spielen ihre eigenen Werke immer wieder verschieden, gestalten sie im Augenblick um, beschleunigen und halten zurück – wie sie es nicht in Zeichen umsetzen konnten – und immer nach den gegebenen Verhältnissen jener ‚ewigen Harmonie'. Da wird der Gesetzgeber unwillig und verweist den Schöpfer auf dessen eigene Zeichen. So, wie es heute steht, behält der Gesetzgeber recht."[2]*

Jemand der mit dem Urtext in der Hand Wert oder Unwert einer Gouldschen Interpretation nach Art dieser „Gesetzgeber" nach Buchstabentreue mißt, wird des öfteren von einer Ohnmacht in die andere fallen, denn da wird hemmungslos über dynamische Vorschriften hinweggespielt, werden Tempoangaben ins Groteske verzerrt, sogar Noten gespielt, die überhaupt nicht dastehen, Rubati- und Phrasierungsmanierismen zügellos ausgekostet, da wird manches sforzato einem rasend rapiden Elan geopfert (Gould ist natürlich auch hier um keine Antwort verlegen: Das unerwartete Fehlen von Akzentuierungen wirke ebenfalls wie ein dynamischer Schock – „wie für den Bahnwärter der nicht pünktlich vorbeifahrende Zug"[3])). Da stören penetrant laute Albertibässe in einer Mozart-Sonate, vergeblich horcht man auf den klangschönen, weichen Mozartton – und diese Verzierungen! – aberwitzig verdreht, ein Arpeggio einfach frech von oben nach unten gespielt! Dieses „Sündenregister" ließe sich schier endlos fortsetzen und mit zahlreichen Beispielen belegen. Dem Leser bleibe die Suche selbst überlassen, und ich garantiere ihm, er wird auf jeder Seite fündig. Wie ist nun die Reaktion des urtextlesenden, auf Notentexttreue pochenden Musiksachverständigen? Der Naive bleibt cool und glaubt an eine eindeutig bewiesene Leseschwäche Goulds. Der leicht Erregbare unterstellt ihm schlichtweg Boshaftigkeit, schimpft ihn einen Blender, den man nicht ernst zu nehmen brauche, der nur auffallen, Publicity heischen will – Verrücktes verkauft sich nun mal besser. Die Behauptung, Glenn Gould sei nur ein Blender, schien selbst Joachim Kaiser gegen die Hutschnur zu gehen: „Vor Beethovens Sechzehnteln sind alle gleich"[4]), wußte er da zu sagen. Das stimmt – nur, ich glaube nicht, daß irgendjemand daran zweifelt, Gould sei kein hervorragender Techniker gewesen und habe Sechzehntel nicht ebenso gut spielen können wie die anderen Größen aus der unüberblickbaren Pianistenschar. Aber es geht ja um die Anerkennung seiner Interpretationen, und da helfen Beethovens Sechzehntel herzlich wenig! Aber zurück zu den Urtextlesern: Lassen wir getrost die neiderfüllte Konkurrenz, die Mißgunst der Schlechteren gegenüber dem eindeutig Besseren beiseite, so bleibt schließlich noch der, der es ganz genau weiß, sich mit Grausen wendet und entrüstet ausruft: „Aber das ist doch kein Mozart!" – Mit frohem Herzen schließe ich mich hier August Everding an, der vor einiger Zeit vor Musikstudenten und deren Lehrern die rhetorische Gegenfrage stellte: Woher wissen denn diese Leute, wie Mozart seine Musik gespielt haben wollte? Überlassen wir Jürgen Uhde das Wort:

91

„Zum richtigen Interpretieren gehört außer der genauen Kenntnis der ‚Handschrift' des Komponisten (Doflein) die Einsicht in die Grundbedingungen der ursprünglichen Darstellung. Diese jedoch in sogenannten historisch treuen Aufführungen, in sogenannten objektiven Interpretationen wiederholen zu wollen, bedeutet Verkennung des Interpretationsbegriffes. Nicht nur, daß noch so genaue Forschungen auf diesem Gebiet den Klang nur mutmaßen können, das proklamierte Prinzip wird schon in den ersten Tönen einer solchen Aufführung dadurch durchbrochen, daß die Aufführenden sich an die heute geltenden, ästhetischen Maßstäbe halten."[5])

Seit etwa hundert Jahren gibt es Musikaufnahmen und damit jederzeit abrufbare Zeugnisse vergangener Interpretationsmanier. Ein Vergleich mit zeitgenössischen Aufnahmen zeigt, wie sehr sich Stil und Aufführungspraxis allein in dieser Periode gewandelt haben. Wie weit entfernt sind wir dann beispielsweise von der Art einer Interpretation aus der Zeit Händels oder Bachs. Die sogenannten Puristen, die also auf authentischer Aufführungspraxis, die sie Werktreue nennen, bestehen, können ihrem Anspruch in der Tat nur in der Wahl historischer Instrumente gerecht werden und sich an der im Vergleich zu zeitgemäßen Instrumenten mitunter jämmerlichen Klangqualität erfreuen. Tatsache ist, daß niemand das eine als echten Mozart, das andere als totale Fehlinterpretation klassifizieren kann. Das Hören von authentischen Interpretationen hat erst die Schallplatte ermöglicht, auf der Komponist und Interpret identisch sind. Sollten wir uns nicht gütlich darauf einigen, daß hier Begriffe wie Subjektivismus und zeitbedingter Geschmack ins Feld geführt werden müssen? – und Geschmäcker sind wie überall, so auch in der Musik, verschieden! Wenn einer aus gutem Grund sagt: Das gefällt mir nicht – so ist das eine eindeutige und akzeptable Aussage, und eine Diskussion, warum es nicht gefällt, kann sehr interessant sein. Es lohnt aber nicht, mit jemandem zu streiten, für den die Deutung einer Komposition um so vollkommener ist, je akribischer die Notation mit all ihren Zeichen beachtet wird, und der in der Interpretation von X genau die Intention des Komponisten zu erkennen glaubt. Ein Notentext ist etwas Lebloses, und erst der Interpret erweckt ihn zum Leben. Je musikalischer dieser ist, um so überzeugender wird er es tun. Je unkonventioneller die Deutung gelingt, desto knisternder ist die Spannung zwischen Interpret und Werk und damit der ästhetische Reiz. Nicht lebendige Wirklichkeit, sondern unverbindliche Vorstellung beherrschen nicht selten das Musizieren, und innerhalb dieser tradierten Konventionen bewegt sich die Interpretation. Hören wir noch einmal Jürgen Uhde:

> *„Was kann es für einen Sinn haben, im heutigen Augenblick der Geschichte musikalische Interpretation zu lehren? Ist sie nicht eingeengt zwischen Historismus, Perfektion und den verschiedensten Spielarten des Konformismus? Die Freiheit ist auf diesem Gebiet wie auf allen anderen bedroht. Sie ist aber als Rest auch hier noch vorhanden. Sich um wahrhafte Interpretation bemühen, ein musikalisches Objektives in subjektiver Ergriffenheit gegenwärtig machen, heißt nicht zuletzt: Sich in der Freiheit üben."*[6)]

Eine grundlegende Einsicht in Goulds Interpretieren ist die Fähigkeit und Freiheit, historisch gewachsene Traditionen radikal in Frage zu stellen und sich dem Fernabgelegenen, höchst Individuellen zuzuwenden. Diese Freiheit zeigt sich nicht zuletzt auch im Umgang mit dem Notentext, den er – wie wir wissen – behandelte wie der Regisseur das Drehbuch. Da war es ihm in seiner Absolutheit der künstlerischen Zielsetzung und seiner Fähigkeit zur spontanen Improvisation gleichgültig, wie wichtig der Komponist das eine oder andere Detail genommen haben mochte. Er suchte nach Strukturen und weniger nach klanglicher Oberfläche, und da konnte es schon sein, daß er ein sforzato überging, weil es die kontrapunktische Linie zerstört hätte. Um den Kontrapunkt ging es ihm auch, wenn er bei Mozart oder Beethoven die linke Hand nicht unterordnen wollte. Gould nannte hierfür zwei Gründe:

> *„Einmal hängt es mit meiner Schwäche für kontrapunktische Musik zusammen. Wenn mir ein Stück nicht kontrapunktisch genug ist, dann mache ich es einfach kontrapunktisch, d.h. ich suche nach Möglichkeiten für polyphone Ereignisse in den Mittelstimmen. Der andere Grund ist der, daß ich ja als Orgelspieler angefangen habe, und daß jeder Orgelspieler ganz von selbst ein ganz besonderes Gefühl für Baßlinien und Vielstimmigkeit entwickelt."*[7)]

Alles, was er spielte, war somit von seiner Bach-Affinität geprägt. Unter diesem Blickwinkel können wir manch übertrieben anmutende Entscheidung, die in jedem Fall interessanter klingt als eine zwar textgetreue, aber mitunter zu zahme Interpretation, begreifen. Ein anderer kritischer Punkt sind Goulds extreme Tempi. Hören wir dazu einen Ausschnitt aus einem Gespräch mit Bruno Monsaingeon[8]):

B.M.: Manche Stücke spielen Sie ja nach Stimmung, einmal sehr schnell, ein andermal sehr langsam...

G.G.: Ich bin da flexibel – bis zur gelegentlichen Verdoppelung oder Halbierung des Tempos. Bach hat dieses Prinzip in seinen großen Fugen ja des öfteren sogar auskomponiert. Man kann sich diese Freiheit allerdings nur bei sehr in sich gefestigten Formen leisten. Gefährlich wäre es, Manipulationen dieser Art bei Menuetten oder Giguen zu versuchen. Aber auch da gibt es Ausnahmen. Etwa die Gigue aus der B-dur-Partita. Sie stellt in ihrer Einzigartigkeit alle Vorläufer in den Schatten.

B.M.: Kann man bei der D-dur-Partita die Tempowahl auch dem Zufall oder der Laune überlassen?

G.G.: Keinesfalls. Vielleicht habe ich mich vorher nicht richtig ausgedrückt. Fixierte Einzelformen wie Präludien oder Fugen können Extreme der Tempowahl eher vertragen als große formale Organismen wie Partiten oder Suiten. Da wäre eine allzu große Willkür der Tempi unentschuldbar. Dasselbe gilt für Beethoven-Sinfonien oder andere große Orchesterwerke.

Selbst bei raschester Tempowahl werden Goulds Artikulationsvermögen und rhythmische Flexibilität nicht in Mitleidenschaft gezogen. Kein Detail klingt verwischt, kein Lauf überhastet. Es bleibt immer ein klares, sauberes Spiel. Beispiele gibt es genug – ein paar mögen genügen: Vierzehntes Stück aus den Goldberg-Variationen, Schlußsätze der Beethoven-Sonaten op. 10, Nr. 1 und 2, Prestissimo der E-dur-Sonate op. 109, Kopfsatz der Sonate op. 111 von Beethoven oder das Allegro der Dürnitz-Sonate KV 284 von Mozart (übrigens Goulds Lieblingssonate):

„Doch zielt diese Fähigkeit nicht auf selbstgenugsame Virtuosität, aus ihr spricht auch nicht der ‚Spaß an der Sache‘, das Vergnügen am hurtig-schönen Ablauf von Sechzehnteln; sie wirkt vielmehr wie ein in die Praxis um-

gesetzter Satz von Theodor Adorno, daß man die Klassiker immer schneller spielen müsse, wolle man die Spannung eines musikalischen Ablaufs, die Spannung von kompositorischer Faktur deutlich machen."[9])

Gould mache es sich wegen seiner schnellen Tempi schwer, war öfter zu lesen. Wenn er aber so spielen will und es auch kann, dann macht er es sich doch eher leicht! Daß seine extremen Tempi im Gegensatz zu seiner Interview-Aussage selbst vor großen Orchesterwerken nicht haltmachten, zeigt ein Konzert in der Carnegie Hall von New York mit dem New York Philharmonic Orchestra unter Leonard Bernstein aus dem Jahre 1962. Zur Aufführung kam das Klavierkonzert in d-moll von Johannes Brahms. Der Abend begann mit einem Skandal, der in Windeseile durch die ganze Weltpresse ging. Bernstein trat vor Beginn des Konzerts vor das Publikum und erklärte, mit der Tempowahl des Solisten und damit mit der Interpretation nicht einverstanden zu sein. So zumindest, versehen mit schadenfrohen Kommentaren, wurde es in den Zeitungen dargestellt und von Bericht zu Bericht mit bissigen Details angereichert. Wie es wirklich war und wie sehr Bernstein diese Berichterstattung bedauerte, zeigt ein sehr liebevoller Beitrag in den Glenn-Gould-Variations: Bei diesem Konzert handelte es sich um eines jener berühmten und immer ausverkauften *Thursday Night-Concerts,* bei dem der Dirigent oder ein Musiker zunächst das Programm erläuterte. Es gehörte also zum üblichen Programmablauf, daß Bernstein – in seiner gewohnt saloppen Art – das Wort ans Publikum richtete. Bernstein zitiert sich selbst so:

> *„This is gonna be different, folks. And it's going to be very special. This is the Glenn Gould Brahms concerto."*[10])

Also so etwas wie eine Vorwarnung ans Publikum. Nach Bernsteins Schilderung spielte Gould den ersten Satz, ein Maestoso, im gleichen Tempo wie den zweiten Satz, ein Adagio. Beide Sätze stehen im 6/4-Takt, und Gould glaubte, dadurch eine formale Einheit zu erkennen, die sich im Tempo ausdrücken müsse. In der Tat reduzierte er das von Brahms für den ersten Satz angegebene Tempo (punktierte Halbe = 58) auf etwa 42 Schläge. Bernstein konnte zwar diese große Entdeckung Goulds nicht ganz überzeugen, er erklärte sich aber aus Spaß an der Sache und aus Neugier auf die Reaktion des Publikums – er befürchtete, der Zuschauerraum würde sich bis auf den letzten Mann leeren – bereit, mitzumachen. Das Publikum lauschte andächtig und spendete begeisterten Beifall. Bernstein schreibt:

„It was very exciting. I never loved him more."11)

Auch Glenn Gould hat eine Version parat:

„Well, Bernstein asked me if I wanted to do something with him, and I said that I'd like to do the Brahms but I wanted to take it at an odd tempo. He said, ,How odd?' and I sang a few bars and he said, ,My God, that's odd, but by all means go ahead. I think you're crazy, but it's valid.'"12)

Das ist also die Wahrheit über ein gern zitiertes Beispiel für die Verrücktheiten des Herrn Gould. Hat da nicht Harold Schonberg in seiner Konzertkritik in der *New York Times* genau die richtige Saite angerissen?

„Between you, me and the corner lamppost, Ossip, maybe the reason he plays it so slow is maybe his technique is not so good."13)

Goulds künstlerisches Weltgefüge ist ohne die gründliche Kenntnis des zwanzigsten Jahrhunderts, in besonderem Maße der Zweiten Wiener Schule, nicht denkbar. Theodor W. Adorno äußerte einmal den scheinbar paradoxen Gedanken, nur derjenige könne Bach ganz verstehen, der Schönberg ganz verstanden habe. Glenn Gould war ein überzeugter Schönbergverfechter, und in seinen Essays ist Schönberg ein häufiges Thema. Auf seinen Platten finden wir das gesamte Schönberg-Klavierwerk, einschließlich der Klavierbegleitung für die Lieder. Yehudi Menuhin schreibt in seiner Autobiographie:

„Perhaps no one in the world knows as much about Schoenberg as Glenn Gould does, or more than he does about the recording and broadcasting of music."14)

Schönbergs fundamentalistisches Denken und seinen Rigorismus bewunderte Gould ebenso wie die Ausdrucksstärke und Eindringlichkeit seiner Musik. Strauss, Krenek, Hindemith, Berg und Webern waren noch andere Komponisten des zwanzigsten Jahrhunderts, die er sehr schätzte, daneben auch die amerikanische „minimal music" von Reich, Glass und Riley. Seine letzte Schallplatte ist die Aufnahme der Klaviersonate op. 5 des sechzehnjährigen Strauss, die Gould ein romantisches Paradestück nannte, und der Klavierstücke op. 3. Warum er gerade Strauss so schätzte, erklärt folgendes Zitat:

> „Er (Strauss) findet eine Fülle von Auswegen, und es scheint mir fast, als wolle er mit Stolz darauf hinweisen, wie viele harmonische Rettungsringe für den Morast der nachwagnerischen Harmonik ihm – Strauss – quasi als des Rätsels Lösung zur Verfügung stehen. Darin bestand seine eigentliche Mission und darin liegt auch der Grund dafür, daß er bei der musikalischen Intelligenz in den letzten dreißig, vierzig Jahren so eine schlechte Presse hatte. Dieses Bild vom alten Knacker Strauss, dem nichts mehr einfällt, hängt bestimmt nicht nur damit zusammen, daß er für die Avantgarde nicht allzuviel übrig hatte. Vielleicht war er ein bißchen intolerant, aber vergessen wir bitte nicht, daß ausgerechnet er Schönberg einen Lehrstuhl und Varese ein Stipendium verschaffte. Er war also gar kein so übler Kerl, aber zweifellos ein Fin-de-siècle-Charakter, der die um ihn herum zerbröckelnde Welt mit Mißbehagen betrachtete und es für seine Lebensaufgabe hielt, die vermeintlichen Irrtümer der jungen Generation zu widerlegen. Dadurch sollten wir uns aber in der Wertschätzung seiner Werke nicht beirren lassen."[15]

Das Zentrum von Glenn Goulds musikalischem Weltbild, die auslösende und formende Kraft, bildete unangefochten das Werk Johann Sebastian Bachs. Auf einem beträchtlichen Teil seiner Schallplatten finden wir Bachs Musik: Das Wohltemperierte Klavier, die Englischen und Französischen Suiten, die Partiten und Toccaten, die zwei- und dreistimmigen Inventionen, die ersten neun Fugen aus der Kunst der Fuge, die Klavierkonzerte, das Italienische Konzert und Kammermusik und schließlich die Goldberg-Variationen. Einer der stilistischen Hauptstreitpunkte noch bis in die Mitte unseres Jahrhunderts, ob Bach überhaupt auf dem Klavier gespielt werden dürfe, schien mit Goulds Bachspiel ein für allemal aus der Welt geschafft. Monsaingeon befragte Gould zu diesem Problem[16]:

B.M.: Die Kunst der Fuge ist sicher ein geeignetes Demonstrationsobjekt in einer Sendereihe über Bachs Werke für Tasteninstrumente. Damit wird auch sofort der alte Einwand provoziert, daß Bach seine Musik ja nicht für den modernen Flügel komponiert habe.

G.G.: Dieses Problem möchte ich gleich anpacken, ohne zu sehr in die Defensive zu gehen. Denn unsere heutigen Instrumente sind zweifellos in der Lage, der Musik Bachs gerecht zu werden. Wichtig ist nur, ihre Vorzüge so auszuspielen, daß sie mit dem Geist Bachscher Konzeption vereinbar sind.

B.M.: Viele behaupten, daß Bach die Möglichkeiten moderner Instrumente sicher genutzt hätte.

G.G.: Praktisch und aufgeschlossen wie er war, hätte er das sicher getan. Angeblich soll er sich ja sehr lobend über einen Silbermann-Flügel geäußert haben, den er kurz vor seinem Tode am Hofe Friedrichs des Großen spielen konnte. Aber der Klang dieses Instruments war sicher so weit von dem eines modernen Flügels entfernt, daß man daraus keine großen Rückschlüsse ziehen sollte.

B.M.: Die Puristen beharren jedenfalls auf ihrer Meinung, daß Bach die Möglichkeiten einer zweihundertjährigen Entwicklung im Instrumentenbau nicht kannte und es daher einer Vergewaltigung gleichkomme, seine Werke auf einem Konzertflügel zu spielen.

G.G.: Dieses Argument konservativer Kritiker schießt weit über das Ziel hinaus. Es unterstellt, Bach hätte sich klanglichen und technischen Gegebenheiten untergeordnet. Das ist keineswegs der Fall, wie viele Beispiele beweisen. Etwa das Violinkonzert in E-dur. Für Violine schreibt er in E-dur, für Tasteninstrumente in D-dur. Viele Stücke aus Konzerten tauchen häufig auch in Kantaten auf. Auch bei Kenntnis des modernen Flügels hätte Bach sicher nicht allzuviel Zeit darauf verwandt, dessen Klangcharakteristiken besonders auszuschöpfen. Er war zu sehr mit strukturellen Problemen befaßt, um sich jemals zu einem Chopin oder Skrjabin des achtzehnten Jahrhunderts zu entwickeln.

Uhde hat die Frage nach dem Instrument – ähnlich wie Gould – mit dem Hinweis auf die Absolutheit der Bachschen Musik und damit auf die Ungebundenheit der klanglichen Realisierung beantwortet:

„Wir sollten nicht Cembalo spielen, weil Bach es benutzte, sondern weil es einen neuen Klangwert in unserer Zeit darstellt, den wir nicht missen möchten. Gegen die Gepflogenheit, das Klavierwerk Bachs für Cembalo und Klavichord zu pachten, muß energisch protestiert werden... läßt sich die innere Bewegung der Komposition aufs Schönste auf dem modernen Flügel wiedergeben. Es droht kein Rückfall in zu weichen, romantischen Klang, es bestünde aber die Verheißung zu neuartiger und eindringlicher Verwirklichung Bachs, wenn die heutige Lage klarer durchdacht würde. Schönberg und Webern haben in ihren kaum bekannten Bach-Bearbeitungen für solchen Geist der Vergegenwärtigung demonstriert. Man wäre dann erst Bachs Geist ganz treu, wenn man die Freiheit seines Instrumentierens verstanden hätte: Sein Verfahren gleicht in nichts der eindeutig festen Bindung eines romantischen Werkes an den Apparat seiner Klangverwirklichung. Vielmehr schaltete Bach mit seiner Musik auf die souveränste Weise: Klavierkonzerte entstanden aus Violinkonzerten, geistliche aus weltlichen Werken und so weiter. Seine Musik hat sozusagen ihren Ort oberhalb ihrer eigenen Verwirklichung."[17])

Welch große Bedeutung Glenn Gould gerade der Kunst der Fuge im Schaffen Bachs beimaß, beweist ein Ausschnitt aus einem anderen Gespräch mit Bruno Monsaingeon[18]):

G.G.: Es gibt Momente in diesem Werk, die zu den Höhepunkten in Bachs Schaffen zählen. Etwa die letzte, unvollendete Fuge. Nicht wegen der gefühlsmäßigen Assoziationen, wegen des Wissens, daß Bach darüber starb, sondern wegen des Friedens, der überwältigenden Andacht, die das Stück ausstrahlt. Bach kehrt in diesem Werk allen modischen Kompositionstendenzen seiner Umwelt den Rücken...
Es ist ein strenger tonaler Kosmos, ohne jedes harmonische Technicolor. Für mich enthalten diese Stücke eine endlose Palette von faszinierenden Grautönen. Schweitzer hat von einer stillen ernsten Welt gesprochen ohne Farben, Licht und Bewegung. Andererseits finden wir ein Ausmaß an Chromatik, das bis in die Wagnerzeit vorausweist. Lange Zeit wird nach Bach nichts Vergleichbares mehr geschrieben. Wie die wagnerische und nachwagnerische Chromatik greift diese Harmonik wuchernd aus. Sie hinterläßt den Eindruck eines sich ins Unendliche ausdehnenden Universums..."

Fünfundzwanzig Jahre nach Goulds legendärer Einspielung der Goldberg-Variationen finden wir ihn erneut im Aufnahmestudio. Er ist dabei, eine zweite Version dieses Werks einzuspielen, das seinen Ruhm begründete und in geheimnisvoller Weise auch am Ende seines musikalischen Wirkens steht. Gould hat selten ein

Stück zweimal eingespielt, und die Frage, warum er sich gerade die Goldberg-Variationen noch einmal vorgenommen hat, ist von besonderem Interesse:

> „...ein paar Jahre nach meiner ersten Goldberg-Einspielung hatte jemand die Frechheit, die Stereophonie zu erfinden. Damit war die Aufnahme technisch überholt. Dann ging es technisch weiter mit dem Dolby-Verfahren und der damit verbundenen Klangverbesserung. Aber das allein wäre kein Grund gewesen, mich für eine Neuaufnahme zu motivieren. Als ich jedoch – was selten geschieht – die alte Aufnahme einmal abhörte, ergab sich der Eindruck von dreißig zwar interessanten, aber einen größeren Zusammenhang jedoch vermissenden Einzelvariationen. Da ich genügend Abstand zu dem Stück gewonnen hatte, schien mir ein neuer Versuch lohnend. Mein Wunsch dabei war, so etwas wie eine arithmetische Beziehung zwischen Thema und Variationen herzustellen, eine Tempoabstufung, ein rhythmisches, sich wie ein Pulsschlag durch das Ganze ziehendes Thema. Gewissermaßen als Ausgleich für die Tatsache, daß Bach hier kein durchgehendes melodisches, sondern eher harmonisches Design als Bauprinzip gewählt hatte. Dazu dann eben noch die neuen Techniken: Stereo und Dolby.[19])*

Jeder weitere Versuch, diesen Zugang neu zu erklären, würde laut Gould eine schriftliche Gesamt-Analyse der Variationen erforderlich machen, und zwar in Buchlänge.

Mit Bewunderung betrachten wir sein schaffensreiches Leben, an dessen Anfang und – gleichsam als Testament – am Ende die Goldberg-Variationen stehen und seine künstlerische Entwicklung über ein Vierteljahrhundert hinweg erschließen. Gould hat mit seinem einzigartigen Bachspiel eine Renaissance des Bachschen Klavierwerks bewirkt und uns in Neuland musikalischer Ausdruckskraft geführt.

Für alle, die ihn verehrt haben, mag es ein Trost sein, daß irgendwo im Weltraum eine Raumsonde unterwegs ist – an Bord als Zeugnis unserer Existenz auch ein Bach-Präludium und eine Fuge, gespielt von Glenn Gould.

„*Als wir den Unterricht bei Horowitz beendet hatten, war es klar, daß Glenn schon der bessere Klavierspieler war als Horowitz selbst, plötzlich hatte ich den Eindruck gehabt, Glenn spiele besser als Horowitz, und von diesem Augenblick an war Glenn der wichtigste Klaviervirtuose auf der ganzen Welt für mich, so viele Klavierspieler ich auch von diesem Augenblick an hörte, keiner spielte so wie Glenn, selbst Rubinstein, den ich immer geliebt habe, war nicht besser. Wertheimer und ich waren gleich gut, auch Wertheimer hat immer wieder gesagt, Glenn ist der beste, wenn wir auch noch nicht zu sagen gewagt haben, daß er der beste des Jahrhunderts sei...*“ (Thomas Bernhard: Der Untergeher)*

"Keiner spielte so wie Glenn."
1932-1982

Anmerkungen

Einleitung

1) Vgl. Knut Franke: Provokation als Lustprinzip. Klaas: Piano-Jahrbuch 3 (1983)
2) Robert Hurwitz: Encounters with Glenn Gould. – In: Ovation Magazine (Oktober 1983), 20
3) Alfred Bester: The Zany Genius of Glenn Gould. – In: Holiday Magazine (April 1964), 156
4) Geoffrey Payzant: The Long Distance Communication of Pianist Glenn Gould. – In: Music Magazine (März/April 1978), 28
5) Vgl. Cover: Glenn Gould plays Beethoven's 5th Symphony Transcribed for Piano by Franz Liszt. MS 7095
6) Stephen Gauer: 50 Years of Gould. – In: Globe & Mail (25.9.1982)
7) Richard Kostelanetz: Glenn Gould: Bach in the Electronic Age. – In: Glenn Gould-Variations (New York 1983), 127
8) ebenda
9) Brief an die Autorin (15.12.1986)

Kindheit und Jugend

1) Robert Fulford: Growing up Gould. – In: Glenn Gould-Variations (New York 1983), 57
   („Von Geburt an schien er über fast alles genauestens Bescheid zu wissen, insbesondere über Musik, und was er heute noch nicht wußte, das lernte er mit Sicherheit am nächsten Tag.")
2) Vincent Tovell: At Home with Glenn Gould (1959). Zit. nach Geoffrey Payzant: Music and Mind (Toronto 1978), 2
   („Hofmann spielte. Es war, glaube ich, sein letzter Auftritt in Toronto, und er machte einen überwältigenden Eindruck auf mich. Das einzige, woran ich mich wirklich erinnern kann, ist, daß ich mich auf der Heimfahrt im Halbschlaf befand, jenem wunderbaren Zustand, in dem einem vielerlei phantastische Klänge durch den Kopf gehen. Es waren alles orchestrale Klänge, aber ich war es, der sie alle spielte, und plötzlich war ich Hofmann. Ich war verzaubert.")
3) Dennis Braithwaite: Glenn Gould. – In: Toronto Daily Star (28.3.1959)
   („Ich empfand die Schule als etwas äußerst Unangenehmes und kam mit den meisten Lehrern und allen meinen Mitschülern schlecht aus.")
4) Vgl. Fulford: Growing up Gould, 61

5) Tovell: At Home with Glenn Gould. Zit. nach Payzant, 3
(„Ich war zehn oder elf, als ich ernsthaft mit dem Gedanken an eine Pianistenlaufbahn zu spielen begann. Das war etwas, worüber man im Sitzen nachdenken konnte, wenn mich, wie üblich, der Lehrer langweilte; und zudem war es eine wunderbare Fluchtmöglichkeit vor meinen Mitschülern, mit denen ich mich zunehmend schlechter verstand.")

6) Bester: The Zany Genius of Glenn Gould, 151
(„Schon als Kind war Glenn isoliert, weil er wie ein Besessener an seiner Karriere arbeitete. Er hatte ein großartiges Gefühl für Musik und fühlte sich stark zu ihr hingezogen. Es war ein vollendetes, vollkommenes Gefühl. Er wußte, wer er war und was er wollte.")

7) Michael Schulmann: Covertext „The Young Glenn Gould – Volume Two". Vox Turnabout TV 34 793 X (1983)
(„Glenn wurde nicht mit dem üblichen ‚Tu dies' oder ‚Mach das' unterrichtet. Alberto legte ihm alle Arten von Musik vor, und es machte ihnen beiden Spaß, sie zusammen zu analysieren.
Alberto sagte einmal, ‚Wenn Glenn das Gefühl hat, von mir als seinem Lehrer nichts gelernt zu haben, dann ist das das größte Kompliment, das mir jemand machen kann. Das ganze Geheimnis, Glenn zu unterrichten, besteht darin, ihn die Dinge selbst entdecken zu lassen…' Die Stunden dauerten lange, weil Glenn darauf bestand, jeden Klang genau richtig hinzubekommen. Er verharrte bei der einen oder anderen Einzelheit, bis er sie beherrschte. Alberto sagte dann immer, ‚Oh, völlig in Ordnung, Glenn', aber Glenn erwiderte, ‚Nein, eben nicht…'")

8) Gladys Shenner: The genius who doesn't want to play. – In: Maclean's Magazine (28.4.1956), 102
(„Ich konnte ihn nicht in der Art und Weise wie andere unterrichten… Bereits als Elfjähriger besaß er eine genaue Vorstellung seiner Fähigkeiten, und er hat sich nicht viel verändert.")

9) Toronto Globe & Mail (1944). Zit. nach Payzant, 4; nach Payzant die erste Zeitungskritik über Gould.
(„Unter den hoffnungsvollen Begabungen fiel vermutlich der junge Glenn Gould durch sein solides Klavierspiel auf. Viele, die jünger sind als er, hat man auf die Konzertbühne geworfen, damit sie ehrgeizige Stücke spielen, aber der junge Gould legte ein vom Intellekt bestimmtes Können an den Tag, das auf ein Talent schließen läßt, das es zu beachten gilt.")

10) Tovell: At Home with Glenn Gould. Zit. nach Payzant, 6
(„…Ich glaube, das lag teilweise daran, daß Schnabel anscheinend jemand war, der sich nicht allzuviel aus dem Klavier als Instrument machte. Das Klavier war für ihn Mittel zum Zweck, und der Zweck war, Beethoven so nahe wie möglich zu kommen.")

11) Jonathan Cott: Forever Young (1977). Zit. nach Payzant, 7
(Turecks Spiel war „aufrecht", „verhalten, aber nicht zähflüssig. Es war, möchte ich sagen, durch und durch positiv…")

12) Glenn Gould: Stokowski: A Portrait for Radio. Broadcast CBC (2.2.1971).
Zit. nach Payzant, 7
(„Er war und ist, und ich kann es nicht besser ausdrücken, ein Ekstatiker.
Stokowski ist ebenso mit den Noten, den Tempobezeichnungen und den dynamischen Anweisungen der Partitur beschäftigt wie ein Regisseur mit der literarischen Vorlage, der Quelle, die den Anstoß, die Idee, zu seinem Film liefert. Deshalb stehen und fallen Stokowskis Konzerte damit, wieviel von seiner Energie er in das jeweilige Projekt einbringen kann.")
13) Tovell: At Home with Glenn Gould. Zit. nach Payzant, 7
(„Um die zwanzig machte ich eine Zwölfton-Periode durch, und die Kompositionen aus dieser Phase motte ich jetzt ein, nicht weil sie zwölftonig sind,
sondern einfach weil ich nicht besonders überzeugt von meinem Umgang mit
diesem Genre war.")
14) Toronto Telegram (1945): Zit. nach Payzant, 8
(„Glenn Gould ist wirklich noch ein Kind, ein schlaksiger, anmutig lächelnder Junge von nicht ganz dreizehn Jahren. Aber gestern abend spielte er so
Orgel, daß so mancher erwachsene Konzertorganist ihm nicht das Wasser
reichen könnte, auch wenn er es versuchte. Er ist ein Genie mit jener Bescheidenheit, die nur wahre Genies auszeichnet. Er spielte den ersten und letzten
Satz von Mendelssohns letzter Orgelsonate, einen Satz aus einem Dupuis-
Konzert, eine Bach-Fuge und als Zugabe ein Bach-Präludium. Sein Spiel verriet vom Anfang bis zum Schluß und bis in jede Einzelheit die überlegene Sicherheit und souveräne Beherrschung eines Meisters.
Er lag nie daneben. Er spielte Mendelssohns Choral und seine bezaubernden
Variationen so, wie das nur ein großer Künstler kann. Seine Füße waren so
agil wie seine Hände. Die g-moll-Fuge von Bach war so klar pedalisiert wie
ein Lied. Nicht nur seine erstaunliche Technik, sondern auch seine interpretatorische Intuition sind voll ausgereift. Er berührt die Orgel mit der ihr gebührenden Ehrfurcht. Es war ein Privileg, ihn gestern abend hören und beobachten zu können.")
15) Alle Zitate aus: Glenn Gould: „His Country's ‚Most Experienced Hermit'
Chooses a Desert-Island Discography". – In: High Fidelity Magazine 20
(Juni 1970), 29 u. 32
(„Für wen hält sich das Kind eigentlich, für Schnabel?")
16) Toronto Globe & Mail (1947). Zit. nach Payzant, 10
(„...Leider zeigte der junge Künstler anfänglich einige Manierismen und beschränkte seine Selbstbeherrschung auf die Passagen, in denen er selbst
spielte. Im Zuge des Erwachsenwerdens wird er sicher seine störende Zappelei zu beherrschen lernen, während seine Mitspieler am Werk sind.")
17) Toronto Telegram (1947). Zit. nach Payzant, 10
(„Sein äußerst anmutiges Spiel, das er als Solist dem ausgezeichneten Orchester Phrase für Phrase entgegensetzte, stand diesem in keiner Weise nach. Es
war eine Freude, seine wunderbare Musik zu hören und ihn in seiner Bescheidenheit und völligen Selbstvergessenheit zu sehen.")

18) ebenda, 11
    („Glenn Gould verwandelte jede Note in einen kostbaren Edelstein. Unterschiedlich schnelle Läufe sangen Melodien von mannigfaltiger Schönheit... Ein Genie, das ihnen an Größe gleichkam, saß am Instrument.")
19) Vgl. Payzant, 10 f.
    („spinnenartigen Fingern"; „beweglichen gummiartigen Handgelenken"; „unfehlbaren Genauigkeit und intensiven Fingertechnik"; „alten heruntergewirtschafteten Straßenmusikanten")
20) Vgl. Knut Franke: Provokation als Lustprinzip. Klass: Piano-Jahrbuch 3 (1983)

Internationaler Durchbruch

1) Vgl. Geoffrey Payzant: Music and Mind. Toronto (1978), 13
   („heruntergedroschener russischer Publikumsrenner")
2) Vgl. Payzant, 13 und Canadian Stereo Guide (Sommer 1973), 50
   („dort, wo sie schon alles über donnernde Oktaven wissen")
3) Paule Hume. Washington Post (3.1.1955)
   („Wenige Pianisten spielen das Instrument so schön, so anmutig, so musikalisch perfekt und mit einem so elementaren Verständnis für seine wahre Natur und seine enormen Möglichkeiten...
   Glenn Gould ist ein Pianist mit seltenen Fähigkeiten. Man darf nicht lange zögern, ihn zu hören und ihm die gebührende Ehre zu erweisen und ihm das verdiente Publikum zuzubringen. Wir kennen keinen vergleichbaren Pianisten, gleich welchen Alters.")
4) John Briggs. New York Times (12.1.1955)
   („...Der lohnendste Aspekt in Mr. Goulds Spiel besteht darin, daß die Technik an sich in den Hintergrund tritt. Am meisten fällt nicht die Virtuosität, sondern der Ausdruck ins Auge. Man kann die Musik hören.")
5) John Briggs. Musical Courier 153, Nr. 3 (1.2.1955), 86
   („Goulds völlige Verzauberung durch die abstrakte, abstruse Schönheit dieser völlig unterschiedlichen Werke scheint eine fast überirdische Hingabe zu bewirken. Die meisten Pianisten sollten Barockmusik, die nicht für das Klavier konzipiert ist, meiden, nicht so Gould, denn er begreift ihr innerstes Wesen, so daß sich Fragen erübrigen, ob die Tasten, die er berührt, Luft, Plektra oder Hämmer in Gang setzen. Ich kann ihn nur als großartig bezeichnen und jene, die ihn noch nicht gehört haben, darauf aufmerksam machen, daß er sie in neue und ungewöhnliche Gefühlstiefen und Erkenntnisbereiche führen wird.")
6) Vgl. Payzant, 15
7) Canadian Stereo Guide (Sommer 1973), 51
   („...aber nach einer Weile waren sie überzeugt, daß es das war, was ich wirklich tun wollte und sie waren einverstanden. Ich dachte bei mir, daß eine Ge-

sellschaft dieser Größe, die für ein so abgelegenes Projekt so leicht zu haben ist, OK sein muß.")

8) A memorable Session. – In: Music Magazine (März/April 1978), 30 („Es war ein milder Junitag, Gould aber erschien mit Mantel, Mütze, Schal und Handschuhen. Seine ‚Ausrüstung‘ bestand aus der üblichen Notentasche, einem Stoß Handtücher, zwei großen Flaschen Quellwasser, fünf kleinen Gläsern mit Pillen (verschiedenster Farbe und Art) und seinem eigenen, ganz außergewöhnlichen Klavierstuhl.

Es zeigte sich, daß die Handtücher in großer Zahl nötig waren, da Glenn, ehe er sich ans Klavier setzte, immer Hände und Arme bis zu den Ellbogen zwanzig Minuten lang in heißem Wasser badete – eine Prozedur, die bald zu einem geselligen Gruppenritual wurde. Alle saßen im Kreis herum, sprachen, machten Witze, diskutierten über Musik, Literatur u.ä., während Glenn ‚aufweichte‘.

Glenn brauchte abgefülltes Quellwasser, da er das New Yorker Leitungswasser nicht leiden konnte. Die Tabletten dienten verschiedenen Zwecken – gegen Kopfschmerzen, zur Entspannung, zur Stützung des Kreislaufs. Alle, vom Betreuer der Klimaanlage bis zum Mann am Schaltpult, hatten hart zu arbeiten. Glenn reagiert sehr empfindlich auf die geringste Temperaturschwankung, so daß das riesige Air-conditioning-System ständig nachgestellt werden mußte.

Der zusammenklappbare Stuhl aber war die Krönung des Ganzen. Es ist im Grunde ein Bridgestuhl, bei dem jedes Bein einzeln in der Höhe einstellbar ist, so daß sich Glenn nach allen Seiten, vor- und zurückbeugen kann. Die Skeptiker im Studio hielten das für ausgemacht schrullig – bis dann die Aufnahme begann. Nun sahen sie, wie Glenn die Neigung seines Stuhls einstellte, ehe er, in Richtung seiner Hände gebeugt, schier unglaubliche, über Kreuz zu greifende Passagen der Variationen spielte. Daraufhin wurde der Stuhl einmütig als eine prächtige und logische Erfindung akzeptiert.

Gould am Klavier war ein weiteres Phänomen: mitsingend, fast über den Tasten liegend, die Augen geschlossen, den Kopf zurückwerfend. Das Team im Kontrollraum war überwältigt, und selbst der Techniker, der für die Klimaanlage zuständig war, begann eine Neigung für Bach zu entwickeln. Auch bei den Playbacks war Glenn in ständiger Bewegung, dirigierte ekstatisch mit, tanzte förmlich Ballett zu der Musik. Zur Stärkung knabberte er Kekse aus Pfeilwurzmehl, trank Magermilch und schaute finster auf die Hero-Sandwiches des Aufnahmeteams.

Nach einer Woche Arbeit meinte Glenn, daß er mit seinem Arbeitspensum zufrieden sei, und packte Handtücher, Pillen und den Bridgestuhl ein. Dann schüttelte er jedem die Hand – dem Aufnahmeleiter, den Toningenieuren, dem Studiodirektor und dem Belüftungstechniker. Alle waren sich einig, daß sie die heiteren ‚Einweich‘-Sessions, Goulds Humor und Begeisterung, die Pillen und das Quellwasser vermissen würden.")

107

9) Vgl. Glenn Gould in Russia. – In: „The Telegram", Toronto (25.5.1957)
10) Harmonia Mundi vertreibt im Westen den sowjetischen Live-Mitschnitt (Le Chant du monde LDX 78 799)
11) Hans Heinz Stuckenschmidt: Begegnung mit einem Genie. – In: Die Welt (29.5.1957)
12) Harold Rutland: Impressions of Glenn Gould. – In: Musical Times 100, Nr. 1397 (1959). Zit. nach Payzant, 18
    („...Ja, sein Benehmen war unorthodox, um nicht zu sagen exzentrisch. Er saß auf einem ungewöhnlich niedrigen Stuhl, das Klavier wurde mit Hilfe von Holzblöcken angehoben; er lehnte sich weit zurück und schlug das linke Bein über das rechte; von Zeit zu Zeit nippte er an einem Glas Wasser und schlug mit dem Fuß den Takt. Aber er kam schnell und ohne Aufhebens auf die Bühne, und sobald die Musik begann, war er völlig in sie vertieft. Eine Aufführung wird oft für ihre Klarheit gelobt. Hier aber hörte man nicht nur, wenn man so will, ‚technische Klarheit' (sein Part war besonders bewundernswert), sondern eine außerordentlich geistige Klarheit. Gould wußte genau, wie er das Konzert spielen wollte, und er spielte es genau so. Zudem empfand er in ungewöhnlichem Maße den Solopart offensichtlich als Teil der Gesamtstruktur; er hörte dem Orchester unter Professor Krips aufmerksam zu, arbeitete intensiv mit ihm zusammen...")
13) Eric McLean: The isolation of Glenn Gould: His genius set him apart. – In: The Gazette, Montreal (9.10.1982)
    („...einige Takte eines Bach-Präludiums ein halbes Dutzend Mal wiederholt; eine Passage aus einer seiner eigenen Kompositionen; dann fand er vielleicht ein Scarlatti-Album auf dem Klavier, entdeckte eine Sonate, die er nie zuvor gesehen hatte, und spielte sie in äußerstem Tempo durch; platzte schließlich in die Ouvertüre von Wagners ‚Meistersingern' hinein.")
14) Allan M. Gould: Glenn Gould: The Way He Was. – In: Radio Guide (Dezember 1982), 8
    („Ich schaue niemals auf das Schlachtfeld.")

Rücktritt und öffentliches Musikleben

1) Glenn Gould: Concert Dropout (Schallplatte), Columbia BS 15 (1968). Zit. nach Payzant, 21
   („Mit Ausnahme einiger weniger Achtzigjähriger bin ich wirklich der erste, der ohne einen Nervenkollaps oder etwas derartiges das Konzertpodium aufgegeben hat.")
2) Gerhard R. Koch: Liebt die Klarheit und den Nebel. – In: Frankfurter Allgemeine Zeitung (10.1.1981)
3) ebenda

4) Claude Debussy: Monsieur Croche the Dilettante Hater. – In: Three Classics in the Aesthetics of Music. New York, Dover Publications (1962), 22 („Die Anziehungskraft, die der Virtuose für das Publikum hat, ist ähnlich der des Zirkusses für die Menge. Man hofft immer, daß etwas Gefährliches passiere.")

5) Vgl. Koch: Liebt die Klarheit und den Nebel

6) Tim Page: Glenn Gould: Our reclusive genius. – In: Doctor's Review (Juli/August 1983), 23

7) Richard Kostelanetz: Glenn Gould: Bach in the Electronic Age. – In: Glenn Gould-Variations, 126 („Man war gezwungen, mit sich selber zu wetteifern." „Weil ich dort nicht ebenso gut sein konnte, nahmen mir diese nutzlosen Konzerte alle Lust zum Üben.")

8) Gould: Concert Dropout. Zit. nach Payzant, 26 („Der Konzertpianist wird schrecklich konservativ – er hat Angst davor, Beethovens Viertes zu probieren, wenn Beethovens Drittes zufälligerweise seine Spezialität ist.")

9) Glenn Gould: Glenn Gould Interviews Glenn Gould About Glenn Gould. – In: Glenn Gould-Variations, 29 („Er sollte im stillen arbeiten dürfen, sozusagen ohne Rücksicht auf die Anforderungen des Marktes – oder noch besser, ohne sich ihrer bewußt zu sein –, Anforderungen, die bei genügender Gleichgültigkeit einer ausreichenden Anzahl von Künstlern einfach verschwinden werden. Und wenn sie dann verschwinden, wird der Künstler das falsche Gefühl seiner ‚öffentlichen' Verantwortung ablegen, und sein ‚Publikum' wird seine ‚sklavische' Abhängigkeit aufgeben.")

10) Gould: Concert Dropout. Zit. nach Payzant, 28 („Ein Großteil der Musik, die ich spielen würde, wenn ich wirklich Konzerte gäbe, wäre Musik, die nicht für einen Raum geschrieben ist, der zwei- oder dreitausend Menschen Platz bietet; es wäre Musik von Bach oder Mozart oder Beethoven, die für Paläste, Kirchen oder für Zuhause geschrieben ist. Und warum, um alles in der Welt, sollte ich versuchen, sie in einem Saal mit zwei- oder dreitausend Menschen zu spielen?")

11) Vgl. Koch: Liebt die Klarheit und den Nebel.

12) Shenner: The genius who doesn't want to play. – In: Macleans Magazine (28.4.1956) („Das Klavier ist ein geeignetes Mittel, genügend Geld zu verdienen, damit ich es mir leisten kann zu komponieren. In zehn oder fünfzehn Jahren möchte ich in erster Linie als Komponist und nicht als Pianist bekannt sein.")

13) CBC International Service Program 142 (1956)

14) M2X 35 914. Diese Platte wurde von CBS zum 25jährigen Bestehen der Zusammenarbeit mit Gould herausgegeben.

15) Conversations with Glenn Gould. – In Bach (Film), BBC (1966). Zit. nach Payzant, 22

(„Leute, die da sitzen mit der Ausdünstung von 2 999 anderen, die in die Nase
dringt".)
16) Vgl. Payzant, 23
(„einer gesunden Gleichgültigkeit".)
17) Humphrey Burton: Gespräche mit Glenn Gould. I. Über Bach und Schallplattenaufnahmen. – In: Neue Zeitschrift für Musik (Februar 1973), 74 f.

„A Philosophy of Recording"

1) Vgl. Kapitel 3, Anm. 17
2) Glenn Gould: Stokowski: A Portrait for Radio. Zit. nach Payzant, 34
(„Er war in der Tat der erste große Musiker, der erkannte, daß die Zukunft
der Musik untrennbar mit dem technologischen Fortschritt verbunden sein
würde und daß die Kommunikationsmedien wirklich die besten Freunde
waren, die die Musik je hatte.")
3) Glenn Gould: Strauss and the Electronic Future: – In: Saturday Review 47
(30.5.1964), 58
(„Das elektronische Zeitalter hat mit Sicherheit die eine Wirkung, daß es für
immer die Werte verändert, die wir mit Kunst in Verbindung bringen.")
4) The Well-Tempered Listener. CBC-Fernsehsendung (22.3.1970). Zit. nach
Payzant, 35
(„Aber ich begann zu fühlen, was ich tat – die fühlbare Gegenwart dieser
Fuge, verkörpert durch die Fingerstellung sowie durch einen Klang von der
Art, wie man ihn vielleicht erhält, wenn man unter der Dusche steht, den
Kopf schüttelt und Wasser aus beiden Ohren rinnt... Ich entfernte all das,
was Mozart nicht wegnehmen konnte. Und plötzlich wurde mir bewußt,
daß eben dieser Schleier, durch den ich all das betrachtete, und den ich zwischen mir, Mozart und dieser Fuge gespannt hatte, genau das war, was ich
brauchte und warum genau, wie ich erst später verstand, ein bestimmter me-
chanischer Prozeß in der Tat zwischen mich und das Kunstwerk treten
konnte, mit dem ich mich auseinandersetzte.")
5) Glenn Gould: Address to a Graduation. Bulletin of the Royal Conservatory
of Music of Toronto (Weihnachten 1964). Zit. nach Payzant, 36
(„...ein prägender Augenblick in meiner Reaktion auf die Musik.")
6) Vgl. Payzant, 35
7) Glenn Gould & Curtis Davis: The Well-Tempered Listener. – In: Glenn
Gould-Variations, 276
(„Es war ein großer Augenblick, und obwohl es keine ‚Bach-Erfahrung'
war, war es die erste große Erkenntnis dessen, was die ‚kontrapunktische Erfahrung' eigentlich ist. Wie sehr sie einen wirklich vereinnahmt, wie viel-
schichtig sie tatsächlich ist und wie man es anstellen könnte, um diese Schich-
ten genau hörbar zu machen. Das war natürlich eine sehr individuelle Erfah-

rung, weil ich alle räumlichen Gegebenheiten hermetisch abgeschottet hatte, sogar die Akustik, wenn man angesichts des Staubsaugergeräusches überhaupt davon sprechen kann. Der Staubsauger wurde das Vakuum, in dem ich arbeitete. Und die Fuge und meine Beziehung zu ihr waren das einzig Existierende. Das war das erste große kontrapunktische Erwachen.")

8) Vgl. Glenn Gould: An Epistle To The Parisians: Music And Technology, Teil 1. – In: Piano Quarterly Nr. 88 (Winter 1974/75), 17

9) Broadcast CBC (30.4.1967). Zit. nach Payzant, 36
(„Ich entdeckte, daß es in der Intimität, der Einsamkeit und (alle Freudianer mögen kurz weghören) der mutterleibähnlichen Geborgenheit des Studios möglich war, auf eine viel direktere und persönlichere Art Musik zu machen als in jedem Konzertsaal. An jenem Tag verliebte ich mich in die Sendetechnik, und seither ist meine Auffassung vom Potential der Musik (oder, wenn man so will, meinem eigenen Potential als Musiker) untrennbar mit dem Hinweis auf die unbegrenzten Möglichkeiten der Sende- und/oder Aufnahmemedien verbunden. Für mich war das Mikrophon nie jener feindliche, sterile, inspirationsaufsaugende Analytiker, über den sich manche Kritiker aus Angst davor beklagen. An jenem Tag im Jahre 1950 wurde es mir ein Freund und ist es bis heute geblieben. In der Tat stehen die meisten meiner künstlerischen Ideen in einer gewissen Beziehung zum Mikrophon. Das Mikrophon spornt einen an, Einstellungen beim Musikmachen zu entwickeln, die in der diffusen Akustik des Konzertsaals gänzlich deplaziert sind. Man kann mit ihm ein solches Maß an struktureller Klarheit erzielen, wie es sich im Konzertsaal einfach nicht verwirklichen läßt.")

10) Broadcast CBC (30.4.1967). Zit. nach Payzant, 37
(„Als ich Bachs Goldberg-Variationen aufnahm, überging ich das Thema zunächst – die äußerst einfache Aria, auf der die Variationen aufbauen – und stellte sie zurück, bis sämtliche Variationen zu meiner Zufriedenheit auf dem Band waren. Ich wandte mich dann jener kunstvollen kleinen Sarabande [Aria] zu, und es stellte sich heraus, daß zwanzig Takes nötig waren, um für sie eine hinreichend neutrale Interpretation zu finden, die die Gefühlstiefe der späteren Passagen nicht vorwegnahm. Es ging darum, die ersten zwanzig Takes dafür zu verwenden, um allen überflüssigen Ausdruck aus meiner Interpretation zu tilgen, und es gibt nichts Schwierigeres. Der Künstler fügt instinktiv hinzu und nicht umgekehrt. Jedenfalls ist das Thema, so wie es auf meiner Aufnahme der Goldberg-Variationen erscheint, Take einundzwanzig.")

11) Howard H. Scott: Recording Gould: A Retake Here, a Splice There, a Myth Everywhere. – In: High Fidelity Magazine (Februar 1983), 56
(„...noch Wochen später erinnerte er sich, daß er die Variation dreimal gespielt hatte und daß der dritte Take im mittleren Abschnitt eine Spur schneller und die Baßlinie in einem Akkord ein wenig zu gewichtig ausgefallen war. Dieses unglaubliche Gedächtnis war unfehlbar und erschreckend genau.")

12) Glenn Gould: The Prospects of Recording. – In: High Fidelity Magazine 16, Nr. 4 (April 1966), 52 f.
(„Im Zuge der Aufnahme dieser Fuge machten wir acht Takes. Zwei davon konnten gemäß den Kriterien des Produzenten als zufriedenstellend gelten. Beide, Nr. 6 bzw. Nr. 8, waren vollständige Takes, die keine Montage erforderlich machten, keineswegs eine besondere Leistung, da die Fuge nur etwas länger als zwei Minuten dauert. Einige Wochen später aber, als die Ergebnisse dieser Sitzung begutachtet und Take 6 und 8 mehrere Male unmittelbar nacheinander gespielt wurden, wurde deutlich, daß beide einen Mangel hatten, der uns im Studio überhaupt nicht aufgefallen war: beide waren monoton...
Beide Takes waren mit verschiedener Phrasierung und Artikulation gespielt... In Take 6 wirkte das Fugen-Thema feierlich, in ziemlich pompösem Legato, während es in Take 8 überwiegend staccato gestaltet war, das einen allgemeineren Charakter vermittelte. Nach gründlicher sachlicher Überlegung kamen wir überein, daß weder die ‚teutonische‘ Strenge von Take 6 noch die ungebürtige Ausgelassenheit von Take 8 unsere Idealvorstellung dieser Fuge im Kern trafen...“)
13) ebenda
(„Es gibt selbstverständlich keinen Grund, warum nicht eine so verschiedenartige Artikulation als Teil einer a priori-Konzeption auf dieses Fugenthema hätte angewendet werden können. Aber die Notwendigkeit einer solchen Vielfalt zeigt sich kaum während der Studioaufnahme, ebensowenig wie sie dem Musiker, der unter Konzertbedingungen arbeitet, bewußt wird. Indem man die Vorteile einer Reflexion nach der Einspielung nutzt, kann man jedoch sehr oft die Grenzen, die das Reproduzieren der Imagination setzt, sprengen.“)
14) Glenn Gould: An Epistle to the Parisians, 18
(„sehr verdienten und hochverehrten“)
15) ebenda; Auch Otto Klemperer war gegen das „splicing“, wie eine bekannte Anekdote zu berichten weiß: Nachdem ihm sein Produzent die Tonbandmontage erklärt hatte, soll er zu seiner Tochter gesagt haben: „Lotte, ein Schwindel!“ (Otto Klemperer: Sagen Sie doch einfach Otto, München 1980, 31)
(„Nun ja, es ist recht und billig, wenn man welche macht, besonders für die, die nicht ins Konzert gehen können, aber sie werden doch nie das Konzert ersetzen, nicht wahr? Zu Beginn der Sitzung sag' ich immer zu meinem Produzenten, ‚Schaun Sie, mein Lieber, es ist meine Aufgabe, das Allerbeste aus dem Orchester herauszuholen, und ich werde mich bemühen, selbst wenn wir zwei oder drei Takes brauchen. Aber ich will kein Flickwerk! Ihr jungen Hüpfer habt heutzutage nichts anderes als Flickschustern im Kopf. Wenn der Hornist sein Solo verhaut – nun ja, Pech gehabt, würde ich sagen, und wenn's die Zeit erlaubt, lassen wir ihn noch einmal loslegen. Aber ich will nicht, daß

Sie die Murkser überpappen, verstehen Sie, denn die große Linie muß um jeden Preis erhalten bleiben.' ")

16) ebenda
(„Gute Splitter ergeben gute Linien.")

17) Kostelanetz: Glenn Gould: Bach in the Electronic Age, 132
(„Ein Musiker sollte so mit dem Band umgehen wie ein Regisseur mit der
Filmrolle.")

18) Bernd Asbell: Glenn Gould. Horizon 4, Nr. 3 (Januar 1962), 92
(„Ich kann ehrlich sagen, daß ich äußerst selten von der Montage Gebrauch
mache. Ich nehme viele komplette Sätze auf einmal auf. Aber ich kann auch
sagen, daß ich bezüglich der Montagetechnik keine Skrupel habe. Ich finde
nichts Verkehrtes daran, ein Stück aus zweihundert Takes zusammenzustük-
keln, solange man das gewünschte Ergebnis erhält. Ich wehre mich gegen das
Gefühl, es sei Betrug, eine ideale Interpretation mechanisch zusammenzufü-
gen. Wenn die ideale Interpretation mit einem Höchstmaß an Illusion und
Täuschung erzielt werden kann, dann kann ich nur sagen, mehr Macht denen, die das tun.")

19) Vgl. Ulla Colgrass: Glenn Gould. – In: Music Magazine (Januar/Februar
1981), 8
(Die Autorin vermutet, daß es sich um die Sonate Nr. 3 C-dur op. 2/3 handelt; M2 35 911.)

20) Gould arbeitete häufig mit den Produzenten Andrew Kazdin (ca. 40 Platten),
Samuel H. Carter, Thomas Frost, John McChure, Paul Myers, Joseph
Scianni, Howard Scott, Keith MacMillan.

21) Vgl. Robert J. Silverman: Glenn Gould – Commentary. – In: Piano Quarterly 29 (Herbst 1981), 13

22) Brief an die Autorin (15.12.86)

23) Kostelanetz: Glenn Gould: Bach in the Electronic Age, 126
(„Seit ich aufgehört habe, Konzerte zu geben, hatte ich kaum je auch nur einen Anflug von Schnupfen. Der Großteil meiner früheren Krankheiten war
psychosomatisch – ein reiner Protest gegen meine Lebensweise.")

24) Allan M. Gould: Glenn Gould: The Way He Was. – In: Radio Guide (Dezember 1982), 8
(„Glenn war nicht nur ein Arbeitskollege wie jeder andere, er wurde Teil deines Lebens und deiner Existenz. In der kurzen Zeitspanne, Mitte der siebziger Jahre, in der wir zusammenarbeiteten und in der ich Bänder für ihn
schnitt und montierte, lernte ich mehr als in all den Jahren davor und danach.")

25) Sid Adilman: Lost Chord: Glenn Gould resurfaces and rediscovers Toronto.
– In: Toronto Star (2.9.1978)
(„Glenn hat zu Unrecht den Ruf, ein schwieriger Exzentriker zu sein und daß
es schwer sei, mit ihm zu arbeiten. Ich für meinen Teil wünschte, daß alle
Leute, mit denen ich zu arbeiten habe, so angenehm zu ertragen wären.")

26) Jack Hiemenz: Glenn Gould on Film. – In: Musical America (Februar 1984), 10
   („Die Filmaufnahmen und die Einspielung des Tonmaterials fielen zeitlich zusammen, so daß ich im Laufe mehrerer Monate zwischen Europa und Amerika hin- und herreisen mußte, während er zwischen Toronto und New York pendelte. Wir verblieben in täglichem Kontakt, verbrachten zahllose Nächte mit transatlantischen Telephongesprächen und sangen einander über Telephon die Variationen vor, die gefilmt werden sollten, um sicher zu gehen, daß wir zum Schluß ein absolut in sich geschlossenes Ganzes von Bild und Ton erzeugen würden.")
27) Silverman: Glenn Gould
   („musikalischen Wunder")
28) Broadcast CBC (30.4.1967). Zit. nach Payzant, 46
   („Was ich an dieser Aufnahme besonders mag, ist die Tatsache, daß aufgrund der fabelhaft exzentrischen Registrierung, die das Casavant-Instrument bot, die zentralen Adern der Musik jeweils ihr Eigenleben führen können – sie sind nicht eingehüllt in den Widerhall, so wie bei Orgelrezitals in Kirchen üblich. Wir hatten natürlich das große Glück, die Aufnahmen in einer Kirche zu machen, die eine auffallend klare Akustik hatte. Aber diese Einspielung geht sogar weiter: Die Mikrophone waren unmittelbar neben der Orgel postiert, so daß die Pfeifen ‚sprechen' konnten, wie man sagt, und vielleicht gelegentlich auch ‚keuchen'. Wir versuchten nicht, den Klang zu glorifizieren, ihn mit einem Nimbus zu umgeben oder aus einer Entfernung aufzunehmen, die vortäuschen sollte, ihn von weit hinten im Kirchenraum zu hören. Wir versuchten wirklich, uns die authentische Atmosphäre zunutzezumachen – indem wir unsere Aufführung der ‚Kunst der Fuge' mit dieser Kirche verbanden, an jenem Winternachmittag, und von daher für den Zuhörer ein künstliches Gefühl, dabeizusein, zu erzeugen. Unser Ziel war es, die Aufnahmesituation zu ignorieren, und uns statt dessen auf die Begleitumstände des Playbacks zu konzentrieren, das hieß, an die Wohnzimmer, Studios, Autos, Radios auf einer Sanddüne zu denken, in denen und durch die diese Aufnahme möglicherweise gehört werden konnte.")
29) Vgl. Koch: Liebt die Klarheit und den Nebel
30) Vgl. Covertext zur Platte: Sibelius. CBS 76 674 (1978)
31) Vgl. Koch: Liebt die Klarheit und den Nebel
32) Vgl. Payzant, 65 ff.
33) John Dann: Ecstasy of Glenn Gould I. – In: Glenn Gould – Variations, 187
   („…es war Ekstase, genährt in einsamer Kontemplation, die in den kreativen Prozeß einfloß und die Kunst mit der Macht universaler Kommunikation erfüllte. Diese ekstatische Erfahrung war für Gould eine Brücke über den Abgrund, der zwischen der physischen und geistigen Existenz des Menschen liegt. Er glaubte, es sei das notwendige Element in der Schöpfung und Einsicht in Kunst.")

34) Denis Dutton: Ecstasy of Glenn Gould II. – In: Glenn Gould – Variations, 194 f.
    („Für ihn war Ekstase nicht ein bestimmendes euphorisches Gefühl, u. U. hervorgerufen beim Spielen oder Zuhören einer Musik. Ekstase ist ein Zustand, der erreicht wird, wenn der Musiker über sich hinauswächst, über seine Technik und über die mechanischen Hilfsmittel der Aufnahme, um eine sublime Gesamtansicht des musikalischen Kunstwerks zu erzielen... genau genommen ist die Ekstase ein einsamer Zustand, der für den Musiker, und vielleicht durch ihn für das Publikum, erfahrbar wird... Aber für den einzelnen Musiker oder Zuhörer ist der Zustand der Ekstase erreicht, wenn man außer sich ist. Nur in der Ekstase kann man Musik wirklich erfahren.")
35) Vgl. Dann: Ecstasy of Glenn Gould I, 188
    („sublimes inneres Bewußtsein")
36) ebenda, 188
    („dem omnipotenten Seinsquell")
37) Vgl. Dutton: Ecstasy of Glenn Gould II, 198
    („Die allmähliche, lebenslange Entwicklung eines Zustandes des Erstaunens und der Gelassenheit.")
38) Drängt sich hier nicht der Vergleich mit surrealistischer Malerei auf, wo auch versucht wird, mit größter Rationalität, sprich realistischer Darstellungsweise, und ausgefeilter Technik, die menschliche Überrealität auszuloten? – doch hier hinkt der Vergleich, will Gould doch nicht psychische Tiefen erforschen, sondern durch kreative Innenschau dem Werk eine, in diesem Augenblick erfühlte, adäquate Form geben.
39) Vgl. Dann: Ecstasy of Glenn Gould I, 186 f.
    („dieses wunderbare mystische Reich der Ekstase")
40) Payzant, 60
    („Sind Sie zufrieden mit dem gegenwärtigen Zustand der Gesellschaft?")
41) ebenda; vgl. auch „The Scene". CBC-Rundfunksendung (17.10.72). In dieser kabarettistischen Sendung trug Gould anhand eines Schach- und Hockeywettbewerbs – in verschiedene Rollen schlüpfend – seine Argumente gegen jegliche Art von Konkurrenz und menschlicher Aggression vor.
    („Mir bereitet es Vergnügen zu sehen, wie sich [meine Gegner] krümmen und winden. Ich will ihr Ich zerschmettern.")
42) ebenda, 61
    („Akzeptieren Sie die Alternativen, die uns die Technologie bietet. Die Technologie schafft ein Schutzschild um die Menschheit, der die Menschen der Notwendigkeit enthebt, sich gegeneinander zu messen und zwar sowohl in physischer als auch in psychischer Hinsicht.")
43) ebenda, 61
44) ebenda, 62
    („Gould spielte sie alle in Grund und Boden.")
45) Vgl. Payzant, 40 ff.

46) ebenda, 42
  („Die Produktion einer Aufnahme ist ein kollaborativer Prozeß, der in jedem
  Stadium Raum für weitere Modifikationen offenläßt.")
47) Gould hat von Platte zu Platte immer mehr die technische Seite der Aufnahmen mitgestaltet, bei den letzten Aufnahmen bereits als Co-Produzent. Vgl.
  auch Kapitel IV, Anmerkung 20.
48) Payzant, 49
  Wie Gould erzählt, hat er in den ersten Jahren seiner Studioarbeit in einer
  Stunde etwa sieben Minuten Musik aufgenommen, später dann nur noch
  zwei.
  („Ich kam mit vielleicht, sagen wir, fünf oder sechs Interpretationsvorstel-
  lungen an, die mir zunächst alle gleichwertig erschienen, und es konnte sein,
  daß keine davon wirklich paßte. In solch einem Fall trafen wir uns in einer
  Woche wieder und versuchten eine siebte. Wenn zwei oder drei funktionier-
  ten, dann fügten wir sie ungefähr innerhalb einer Woche zu einer Rohfassung
  zusammen und hörten sie ab. Und tatsächlich brauchten wir zumindest eine
  Woche, um eine Perspektive zu gewinnen. Eine Woche später fällt das eigene
  Urteil immer anders aus, als man es sich zuerst, der Eingebung des Augen-
  blicks folgend, vorstellt, und es ist nie dasselbe.")
49) Vgl. Payzant, 50
  („Rohmaterial")
50 ebenda, 49
  („Die Aufnahmen, die als die momentan besten, schöpferischsten und spon-
  tansten erscheinen, sind es äußerst selten. Sie sind für gewöhnlich geplant, ge-
  künstelt und voll von musikalischen Kniffen aller Art, die auf einer Plattenaufnahme nichts zu suchen haben.")
51) ebenda
  („Wollen Sie damit sagen, daß ein Teil Ihres schöpferischen Prozesses im
  Schneideraum stattfindet?"
  „Sehr richtig. Wir behandeln die Studio-Aufnahme nicht als Endprodukt.")
52) ebenda, 43
  („Schon früh in der Geschichte dieser Kunst wurde die Kamera zum Kom-
  mentator eines Ablaufs, eine Figur in der Erzählung, ein Analytiker von
  Handlung und Motiv. Sie nimmt nicht nur Bilder auf.")
53) Vgl. Koch: Liebt die Klarheit und den Nebel
54) Vgl. Leonard Bernstein. The Truth about a Legend. – In: Glenn Gould – Variations, 20
55) („Die größte Gefahr ist, sich zu verlieren.")
56) The Idea of North. CBC-Publications Disc PR-8 (1967–68, 1971); The Latecomers. CBC-Publications Disc PR-9 (1968–69, 1971)
57) Vgl. Payzant, 129
58) ebenda
  („mit vier Händen soviel wie mit acht zu schaffen")

59) Glenn Gould Interviewed by Tim Page. – In: Piano Quarterly 29 (Herbst 1981), 16
   („wie wenn man während der Stoßzeit in der New Yorker U-Bahn sitzt, Zeitung liest und dabei Fetzen von zwei oder drei Unterhaltungen aufschnappt, während im Hintergrund ein Kofferradio plärrt und der Zug die Schienen entlang rattert . . .“
60) Vgl. Robert Hurwitz: Towards a Contrapuntal Radio. – In: Glenn Gould – Variations, 253–263
61) The Well-Tempered Listener. CBC (22.3.1970). Zit. nach Payzant, 130
   („Die gesamte Auffassung vom Wesen der Musik hat sich in den letzten fünf Jahren sehr stark geändert. Ich habe das Gefühl, daß da etwas sehr Bewundernswertes passiert, denn ich glaube, daß ein Großteil neuer Musik sehr viel mit dem gesprochenen Wort zu tun hat, und den Rhythmen und Patterns, dem Heben und Senken und den Schwankungen, dem Ordnen der Satzelemente und der Regulierung des Tonfalls . . . Ich glaube, daß unsere gesamte Vorstellung vom Wesen der Musik unlöslich verbunden bleibt mit all den Geräuschen um uns, mit allem, was uns die Umwelt erschließt.“)
62) Vgl. Payzant, 130
63) Vgl. Hurwitz: Towards a Contrapuntal Radio, 256
64) ebenda

Auffassung von Musik und Verhältnis zum Musikinstrument

1) Arthur Schnabel: Music and the Line of Most Resistance. New York 1969, 59
   („Kunst ist nichts Bequemes, nicht einfach ein irgendwie strukturelles Phänomen; sie ist ein unabhängiger Organismus und jedes einzelne Kunstwerk ist ebenso unabhängig. Sie entspringt ihrem innersten Wesen nach dem edelsten Streben des Menschen und ist wiederum an dieses gerichtet, sie erwächst aus den fundamentalsten Forderungen, die der Mensch an sich selbst stellt, aus seinem bewußten Verlangen nach der Berührung mit der unsichtbaren Realität und der absoluten Wahrheit.“)
2) Vgl. Payzant, 80 ff.
3) Vgl. Glenn Gould by Maureen Forrester. – In: Begleitheft zur Glenn-Gould-Ausstellung in Paris. Centre Culturel Canadien (Herbst 1986), 22
4) Anne Rose Katz: Leckerbissen für Sinne und Seele. – In: Süddeutsche Zeitung (Februar 1985)
5) Peter F. Ostwald: The Semiotics of Human Sound. Mouton 1973, 72
6) Wolfgang Schreiber: Bis an die Wurzeln graben. Bayerischer Rundfunk II (17.11.1984)
7) Gould: Concert Dropout. Zit. nach Payzant, 81
   („Ich glaube, da war Wunschdenken mit im Spiel. Genau so stelle ich mir meine Phrasen vor und ich kann sie am Klavier nie so herausbringen.“)

117

8) Sämtliche Zitate aus: Mozart aus persönlicher Sicht.
   Glenn Gould im Gespräch mit Bruno Monsaingeon.
   Plattenbeilage zu Mozart-Sonaten. CBS 79 501
9) Glenn Gould – Die Kunst der Fuge. Fernsehsendung
10) Glenn Gould – Das Klangbild. Fernsehsendung
11) In: Canadian Stereo Guide (Sommer 1973), 52
    In Goulds Diskographie gibt es kein einziges Chopin-Werk. Als junger Pianist spielte er öffentlich ein paar Stücke von Chopin; in einer Rundfunksendung der CBC vom 23.7.70 spielte er die Sonate Nr. 3 b-moll op. 58.
    („Er hat Chopin im Blut so wie ich Hindemith.")
12) Vgl. Koch: Liebt die Klarheit und den Nebel
13) Glenn Gould – Interviewed by Tim Page. – In: Piano Quarterly 29 (Herbst 1981), 18
    („Ich glaube, das Klavier ist ein kontrapunktisches Instrument und wird erst dann interessant, wenn es so behandelt wird, daß die vertikale und die horizontale Dimension in Einklang gebracht werden. Das ist bei Klaviermusik aus der ersten Hälfte des 19. Jahrhunderts nicht der Fall.")
14) ebenda
15) Tovell: At Home with Glenn Gould. Zit. nach Payzant, 82
    V. T.: Haben Sie nicht manchmal das Bedürfnis, z. B. Chopin zu spielen?
    G. G.: Nein, das ist etwas, was mich einfach nicht anspricht. Ich spiele diese Musik in einem schwachen Augenblick, vielleicht ein- oder zweimal pro Jahr für mich, aber sie überzeugt mich nicht. Wenn ich sie vom richtigen Interpreten ausgezeichnet gespielt höre, dann kann ich überzeugt werden, wenn auch nur für kurze Zeit. Chopin war offensichtlich ein unheimlich begabter Mensch. Ich halte ihn jedoch nicht für einen großen Komponisten. In groß angelegten Strukturen versagte er fast vollkommen. Ich glaube, daß er im Kleinen großartig war, einzigartig als Schöpfer von Stimmungsmusik, mit Sicherheit beispiellos in seinem Verständnis für das Klavier. Aber nichtsdestotrotz ist er kein Komponist, den ich vorbehaltlos akzeptieren kann.
    V. T.: Es genügt Ihnen also nicht, daß der Komponist für den Pianisten schreibt in dem Sinn, daß er genau weiß, was aus dem Klavier herauszuholen ist?
    G. G.: Nein. Um ehrlich zu sein, sind die meisten Komponisten, die ich spiele, aus ganz anderen Gründen in meinem Repertoire.
    V. T.: Wen halten Sie für den perfektesten Klavierkomponisten?
    G. G.: Nun, ich glaube, ich würde wie alle anderen wahrscheinlich Chopin sagen, wenn, lassen Sie mich das so ausdrücken, Ihnen das Klavier dasselbe bedeutet wie Chopin. Aber für mich hat es nicht diese Bedeutung. Denn wenn man alles aus dem Klavier herausholen will, dann muß man viele Dinge miteinbeziehen, wogegen ich eine starke Abneigung hege. Dazu gehört das Pedal.

118

16) Vgl. Glenn Gould im Gespräch mit Bruno Monsaingeon

17) Vgl. Begleittext zur Platte. Byrd – Gibbons. CBS MP 39 552.
(„Wie Beethoven in seinen letzten Quartetten oder Webern fast durchwegs, so ist Gibbons ein Künstler von so feinsinniger Natur, daß seine Werke, zumindest was die Tasteninstrumente betrifft, in der eigenen Vorstellung oder auf dem Papier besser wirken, als sie das je über das Medium Instrument könnten.")

18) Glenn Gould: Introduction. Bach: WT I. New York, Amsco Publishing Company (1972). Zit. nach Payzant, 83
(„Und nicht zuletzt diese außerordentliche Gleichgültigkeit gegenüber einem spezifischen Klang machte Bach so reizvoll und unterstreicht seine Universalität.")

19) Vgl. Payzant, 82 f.

20) Begleittext zur Platte: Schönberg. CBS M 7098 (1970)
(„...mit jeder neu herausgekommenen Komposition bedeutete das Klavier an sich immer weniger für Schönberg. Er schreibt nicht gegen das Klavier, aber man kann ihm auch nicht vorwerfen, er schreibe für dieses Instrument: Es gibt keine einzige Phase in seinem Klavierwerk, die die leiseste Verwandschaft zu den perkussiven Klängen offenbart, die in der überwiegenden Mehrzahl der zeitgenössischen Klavierwerke Verwendung finden.")

21) Bester: The Zany Genius of Glenn Gould, 153
(„Ich mag das Klavier nicht als Instrument. Ich bevorzuge das Cembalo. Natürlich bin ich fasziniert von den Möglichkeiten, die es bietet, und ich kann stundenlang sitzen und spielen, aber ich locke es mit Vorliebe aus der Reserve. Mein Tastgefühl ist das eines Cembalisten, deshalb fühle ich mich in der Barockmusik zu Hause. Ich habe außerdem eine Ausbildung als Organist, und das gibt mir eher das Gefühl für die horizontale Linie als für die vertikale.")

22) Glenn Gould plays his own transcriptions of Wagner. CBS M 32 351
(„In diesem Album zeigt Glenn Gould eine weitere Facette seiner vielgestaltigen musikalischen Persönlichkeit auf. Mit seinen eigenen Transkriptionen der Werke Richard Wagners erweist er sich zweifelsohne als ein Interpret, dessen Kenntnis der Vorlage eine genaue Entsprechung von Gefühl und ursprünglichem Klang in seiner Übertragung der Wagnerschen Orchesterklänge in die Sprache des Klaviers zeigt."

23) The Glenn Gould Silver Jubilee Album. CBS 76 983

24) Vgl. Koch: Liebt die Klarheit und den Nebel

25) Ferruccio Busoni: Entwurf einer neuen Aesthetik der Tonkunst (Berlin 1907)

26) Diapason 53, Nr. 6 (Mai 1962), 31. Zit. nach Payzant, 95
(„...jeder Pianist sollte Orgel spielen. Sie verlangt echtes Phrasieren.")

27) Tovell: At Home with Glenn Gould. Zit. nach Payzant, 97
    („...bestimmte Aspekte des Orgelspiels hatten mich stark beeindruckt. Ich
    lernte, daß man, wenn man Bach spielte und eine Phrase, ein Thema, irgend-
    ein Motiv herauskehren wollte, nicht so vorgehen konnte, wie man das bei
    Chopin gemacht hätte – Sie wissen schon, den Versuch eines Crescendos in
    rhythmischen Atemzügen einzuführen. Man mußte ganz anders darangehen,
    so daß die Fingerspitzen den Gesamtablauf grundlegend bestimmten.")
28) Roland Gelatt: Music Makers. – In: High Fidelity Magazine 12, Nr. 13
    (März 1962), 67
    („Ich liebe den Klang des Cembalos und die Effekte, die man mit ihm erzielen
    kann, aber es ist nicht vereinbar mit meinem Klavierspiel. Der Übergang von
    einem Instrument zum anderen stört einfach zuviel.")
29) CBS M 31 512
30) Brief an die Autorin (15.12.1986)
31) Bernard Asbell: Glenn Gould. – In: Horizon 4, Nr. 3 (Januar 1962), 92
    („Er [der Chickering] ist im Gegensatz zu fast allen anderen Klavieren auf der
    Welt ein außerordentlich fürsorgliches, von einer fühlbaren Direktheit, wie
    man sie sonst nur beim Cembalo findet. Er vermittelt mir das Gefühl, unend-
    lich nahe an den Saiten zu sein und alles völlig unter Kontrolle zu haben, wo-
    hingegen moderne Klaviere einen Eigenantrieb zu haben scheinen – sie len-
    ken einen und nicht umgekehrt.")
32) Begleittext zur Platte: Zwei- und dreistimmige Inventionen. CBS 61 601.
    Zit. nach Payzant, 106
    („eine größere Verehrung als jedem anderen Klavier gegenüber, auf dem er
    spielte.")
33) Gould: Concert Dropout. Zit. nach Payzant, 107
    („ein wenig schäbig und heruntergekommen")
34) ebenda, 108
    („Nun, es begleitet mich schon ziemlich lange. Wir haben sieben Jahre darauf
    verwendet, um gewisse Eigenschaften zu verbessern, die es von Natur aus
    hatte, und sie nach den Maßstäben zu vervollkommnen, die mir für mein Ba-
    rockrepertoire wichtig erschienen. Es wurde im Grunde genommen für Bach
    präpariert."
35) ebenda
    („Früher fand ich es wichtig, für jede Art von Musik ein anderes Klavier zu
    haben. Heute bin ich anderer Meinung. Ich benutze den Steinway jetzt für al-
    les: er ist mein Richard-Strauss-Klavier, mein Bach-Klavier, mein Klavier,
    um William Byrd, den englischen Tudor-Komponisten, zu spielen und das
    habe ich in letzter Zeit mit großem Vergnügen getan...")
36) Jock Carroll. „I don't think I'm at all eccentric", says Glenn Gould. – In
    Weekend Magazine 6, Nr. 27 (7.7.1956), 11
    („Solange das Klavier gut arbeitet, ist der Klang nicht allzu wichtig.")

Aber das ist doch kein Mozart!

1) June Graham: Glenn Gould. – In: CBC Times
   (30.5.–5.6.1964), 5
   („Ich kann niemals verstehen, wie es ein Maler ertragen kann, seine Arbeiten
   zu verkaufen und nie mehr wiederzusehen. Aufnahmen sind so dauerhaft
   und so gut für das Ego! Zwanzig Minuten nach einem Konzert kann sich kein
   Dutzend Leute an irgendetwas Bedeutendes deines Vortrags mehr erinnern.")
2) Ferruccio Busoni: Entwurf einer neuen Aesthetik der Tonkunst (Berlin
   1907), 15
3) Vgl. Koch: Liebt die Klarheit und den Nebel
4) Vgl. Joachim Kaiser: Glenn Gould. – In: Lust an der Musik. Hrsg.: Klaus
   Stadler (Mai 1984), 259
5) Jürgen Uhde: Interpretation. – In: Prisma der gegenwärtigen Musik. Hrsg.:
   J. Uhde/J. E. Behrendt (Hamburg 1959), 128
6) ebenda, 136
7) Schreiber: Bis an die Wurzeln graben
8) Glenn Gould: Das Klangbild. Fernsehsendung (1980)
9) Trad. J. Lasserre. Covertext zu Glenn Gould: Mozartsonaten I.
   CBS 77 270
10) Bernstein: The Truth about a Legend, 19. Vgl. auch Glenn Gould – Leonard
    Bernstein, Melodram MEL 234; dem Live-Mitschnitt des Brahms-Klavier-
    konzerts ist jene Erklärung Bernsteins beigefügt (New York 9.4.1962).
    („Das wird heute anders als sonst und etwas ganz Besonderes, Leute. Das ist
    das Glenn-Gould-Brahms-Konzert.")
11) ebenda.
    („Es war sehr aufregend. Ich habe ihn nie mehr geliebt.")
12) Bester: The Zany Genius of Glenn Gould. – In: Holiday Magazine (April
    1964). Vgl. auch Glenn Gould: N'aimez-vous pas Brahms? – In: Glenn
    Gould: Von Bach bis Boulez. Hrsg.: Tim Page (München/Zürich 1986),
    110 ff.
    („Nun, Bernstein fragte mich, ob ich mit ihm irgendetwas machen wollte,
    und ich sagte, daß ich gerne den Brahms machen würde, aber in einem seltsa-
    men Tempo. Er sagte, ‚wie seltsam?' und ich sang ein paar Akkorde und er
    sagte, ‚Oh Gott, das ist wirklich seltsam, aber mach' ruhig. Ich glaube, du
    bist verrückt, aber du hast einen guten Grund.' ")
13) Glenn Gould Interviewed by Tim Page, 14
    („Unter uns, d. h. Dir, mir und dem Laternenpfahl an der Ecke, lieber Os-
    sip, vielleicht spielt er das Stück so langsam, weil seine Technik nicht gut ge-
    nug ist.")

14) Yehudi Menuhin: Unfinished Journey (London 1976), 333
   („Vielleicht weiß niemand auf der Welt so viel von Schönberg oder mehr vom
   Aufnehmen und Senden von Musik wie Glenn Gould.")
15) Schreiber: Bis an die Wurzeln graben
16) Glenn Gould: Die Kunst der Fuge. Fernsehsendung (1980)
17) Uhde: Interpretation, 129
18) Glenn Gould: Die Kunst der Fuge. Fernsehsendung (1980)
19) Glenn Gould: Die Goldberg-Variationen. Fernsehsendung (1980)

Bibliographie

Zeitschriftenartikel von Glenn Gould

„The Dodecaphonists' Dilemma." Canadian Music Journal 1 (Herbst 1956), 20–29

„Bodky on Bach." Saturday Review 43 (26.11.1960), 48, 55

„Let's Ban Applause!" Musical America 82 (Februar 1962), 10–11, 38–39

„An Argument for Richard Strauss." High Fidelity Magazine 12, (März 1962), 46–49, 110–111

„Arnold Schoenberg: A Perspective." Cincinnati: University of Cincinnati (1964)

„Strauss and the Electronic Future." Saturday Review 47 (30.5.1964), 58–59, 72

„Address to a Graduation." Bulletin of the Royal Conservatory of Music of Toronto (Weihnachten 1964)

„An Argument for Music in the Electronic Age." University of Toronto Varsity Graduate 11 (Dezember 1964), 26–27, 114–127

„Dialogue on the Prospects of Recordings." University of Toronto Varsity Graduate 11 (April 1965), 50–62

„The Ives Fourth." High Fidelity/Musical America 15 (Juli 1965), 96–97

„The Prospects of Recording." High Fidelity Magazine 16 (April 1966), 46–63

„Yehudi Menuhin: Musician of the Year." High Fidelity/Musical America 16 (Dezember 1966), 7–9

„We, Who Are About to be Disqualified, Salute You!" High Fidelity/Musical America 16 (Dezember 1966), MA 23–24,30

„The Search for Petula Clark." High Fidelity/Musical America 17 (November 1967), 67–71

„The record of the decade, according to a critic who should know, is Bach played on, of all things, a Moog Synthesizer?" Saturday Night 83 (Dezember 1968), 52, 54

„‚Oh, for Heaven's Sake, Cynthia, There Must Be Something Else On'!" High Fidelity/Musical America 19 (April 1969), MA-13

„Should We Dig Up the Rare Romantics? No. They're Only a Fad." New York Times (23.11.1969)

„His Country's ‚Most Experienced Hermit' Chooses a Desert-Island Discography." High Fidelity Magazine 20 (Juni 1970), 29, 32

„Admit It, Mr. Gould, You Do Have Doubts about Beethoven." Toronto Globe and Mail Magazine (6.6.1970), 6–9

„Liszt's Lament? Beethoven's Bagatelle? Or Rosemary's Babies?" High Fidelity Magazine 20 (Dezember 1970), 87–90
„Rubinstein." Look (9.3.1971), 53–58

„Gould Quizzed." American Guild of Organists and Royal Canadian College of Organists Magazine (November 1971), 31–32

Introduction, Bach's Well-Tempered Clavier 1. New York: Amsco Music Publishing Company (1972)

„Glenn Gould Interviews Himself about Beethoven." Piano Quarterly 21 (Herbst 1972), 2–5

„Hindemith: Kommt seine Zeit (wieder)?" Übersetzt von Peter Mueller. Hindemith-Jahrbuch (1973/III), 131–136

„Data Bank on the Upward Scuttling Mahler." Toronto Globe and Mail (10.11.1973)

„Glenn Gould Interviews Glenn Gould about Glenn Gould." High Fidelity Magazine 24 (Februar 1974), 72–78

„Data Bank on the Upward Scuttling Mahler." Piano Quarterly 22 (Frühling 1974), 19–21

„Today, Simply Politics and Prejudices in Musical America Circa 1970 … but for Time Capsule Scholars It's Babbit vs. Flat Foot Floogie." Toronto Globe and Mail (20.7.1974)

„Conference at Port Chilkoot." Piano Quarterly 22 (Sommer 1974), 25–28

„The Future and Flat-Foot-Floogie." Piano Quarterly 22 (Herbst 1974), 11, 12, 14

„An Epistle to the Parisians: Music and Technology, Part 1." Piano Quarterly 23 (Winter 1974–75), 17–19

„Glenn Gould Talks Back." Toronto Star (15.2.1975)

„Krenek, the Prolific, is Probably Best Known to the Public at Large as – Ernst Who?" Toronto Globe and Mail (19.7.1975)

„The Grass is Always Greener in the Outtakes." High Fidelity Magazine 25 (August 1975), 54–59

„A Festschrift for ‚Ernst Who'???." Piano Quarterly 24 (Winter 1975–76), 16–18

„Streisand as Schwarzkopf." High Fidelity Magazine 26 (Mai 1976), 73–75

„Back to Bach (and Belly to Belly)." Toronto Globe and Mail (29.5.1976)

„Fact, Fancy or Psycho-history: Notes from the P. D. Q. Underground." Piano Quarterly 24 (Sommer 1976), 40–43

„On Mozart and Related Matters: A Conversation with Bruno Monsaingeon." Piano Quarterly 24 (Herbst 1976), 12–19

„Boulez by Joan Peyser." The New Republic 175, Nr. 26 (25.12.1976), 23–25

„Sibelius and the Post-Romantic Piano Style." Piano Quarterly 25 (Herbst 1977), 22–24

„Portrait of a Cantankerous Composer." Toronto Globe and Mail (18.3.1978)

„Stokowski in Six Scenes." Piano Quarterly 26 (Teil 1: Winter 1977–78, 7–10; Teil 2: Frühling 1978, 47–54; Teil 3: Sommer 1978, 26–29)

„A Hawk, a Dove, and a Rabbit Called Franz Joseph." Piano Quarterly 26 (Herbst 1978), 44–47

„Review of Payzant ‚Music and Mind.' ". Piano Quarterly 26 (Herbst 1978), 15–18

„Memories of Maude Harbour – or – Variations on a Theme of Artur Rubinstein." Piano Quarterly 28 (Sommer 1980), 27–30

Artikel unter dem Pseudonym Dr. Herbert von Hockmeister:

„The CBC, Camera-Wise." High Fidelity/Musical America 15 (März 1965), 86P–87P

„Of Time and Time Beaters." High Fidelity/Musical America 15 (August 1965), 136–137

„L'Esprit de jeunesse, et de corps, et d'art." High Fidelity/Musical America 15 (Dezember 1965), 188–190

Ein Teil der Aufsätze ist inzwischen in deutscher Übersetzung erschienen:

„Glenn Gould: Von Bach bis Boulez". Hrsg.: Tim Page. (München/Zürich 1986)

Interviews mit Glenn Gould (Auswahl):

Jonathan Cott Conversations with Glenn Gould. Boston/Toronto (1984)

Plattenbeilage Mozart – Aus persönlicher Sicht. Glenn Gould im Gespräch mit Bruno Monsaingeon; CBS 79 501

Glenn Gould Interviewed by Jim Aitken.
Contemporary Keyboard 6, Nr. 8 (August 1980), 24–36

Glenn Gould Interviewed by Tim Page.
Piano Quarterly 29 (Herbst 1981), 14–24

Humphrey Burton: Gespräche mit Glenn Gould.
1. Über Bach und Schallplattenaufnahmen. Neue Zeitschrift für Musik (Februar 1973), 74–79
2. Richard Strauss. Neue Zeitschrift für Musik (Juni 1973), 357–363
3. Beethoven-Interpretation. Neue Zeitschrift für Musik (Oktober 1973), 634–636

Martin Meyer: Interview mit Glenn Gould. Fono Forum (Juni 1981), 21–26

Sekundärliteratur

Bernhard Asbell	Glenn Gould Horizon 4, Nr. 3 (Januar 1972)
Ausstellungskatalog	Glenn Gould. Begleitheft zur Glenn-Gould-Ausstellung im Centre Cultu-rel Canadien, Paris (Herbst 1986)
Thomas Bernhard	Der Untergeher Frankfurt am Main (1983)
Alfred Bester	The Zany Genius of Glenn Gould Holiday Magazine 35, Nr. 4 (April 1964), 149ff.
Ferruccio Busoni	Entwurf einer neuen Aesthetik der Tonkunst Berlin (1907)
Jock Carroll	„I don't think I'm at all eccentric", says Glenn Gould Weekend Magazine 6, Nr. 27
Ulla Colgrass	Glenn Gould Music Magazine (Januar/Februar 1981), 6ff.
Mark Czarnecki	Glenn Gould, 1932–1982 Maclean's (18.10.1982)
Claude Debussy	Monsieur Croche the Dilettante Hater New York (1962)
Donn Downey	Toronto given acid Gould test Globe & Mail (27.9.1979)
Knut Franke	Glenn Gould als Denkanstoß Hindemith Jahrbuch (1973/III)
John Fraser	Man of myth and music Globe & Mail (5.10.1982)
Stephen Gauer	50 Years Of Gould Globe & Mail (25.9.1982)
Roland Gelatt	The Fabulous Phonograph High Fidelity Magazine 27, Nr. 1 (Januar 1977)
Peter Goddard	Glenn Gould is a conjurer The Canadian Composer (März 1972), 24ff.

Harris Goldsmith   Glenn Gould: An Appraisal
High Fidelity Magazine
(Februar 1983), 54f.

Allan M. Gould   Glenn Gould: The Way He Was
Radio Guide (Dezember 1981), 6ff.

June Graham   Glenn Gould
CBC Times (30.5.–5.6.1964), 4f.

John McGreevy (Hrsg.)   Glenn Gould-Variations
New York 1983

Thomas Hathaway   New Recordings: More on
Glenn Gould
Quenn's Quarterly (Winter
1983), 1121ff.

Jack Hiemenz   Glenn Gould on Film
Musical America (Februar
1984), 2, 10

Gladys Houck   Glenn Gould: Talking about television
– and Beethoven
The Canadian Composer
(Januar 1971), 38, 46

Robert Hurwitz   Encounters with Glenn Gould
Ovation Magazine (Oktober 1983),
19ff.

Joachim Kaiser   Große Pianisten in unserer Zeit
München/Gütersloh/Wien (o. J.)

Joachim Kaiser   Glenn Gould
Lust an der Musik (Hrsg.
Klaus Stadler) München/Zürich
(1984), 259–270

Otto Klemperer   Sagen Sie doch einfach Otto
München/Zürich (1980)

Gerhard R. Koch   Liebt die Klarheit und den
Nebel
Frankfurter Allgemeine
Zeitung (1981)

John Kraglund   Glenn Gould: Eccentric genius of the
keyboard courted controversy
Globe & Mail (5.10.1982)

John Kraglund   A deluge of Glenn Gould records of
both high and medium merit
Globe & Mail (12.1.1974)

Betty Lee	The Odd, Restless Way of Glenn Gould The Globe Magazine (1.12.1962), 11f.
Eric McLean	Glenn Gould Musicanada (Juni 1981), 9f.
Eric McLean	The isolation of Glenn Gould: His genius set him apart The Gazette (9.10.1982)
Yehudi Menuhin	Unfinished Journey London (1976)
Yehudi Menuhin	A great violinist on a great pianist Toronto Star (2.10.1983)
Paul Myers	Glenn Gould The Gramophone (Februar 1973)
Peter F. Oswald	The Semiotics of Human Sound Mouton (1973)
Tim Page	Glenn Gould Piano Quarterly 29 (Herbst 1981)
Tim Page	Glenn Gould: Our reclusive genius Doctor's Review (Juli/August 1983), 20ff.
Tim Page	Bach's Bad Boy The Soho News (26.11.1980), 11ff.
Tim Page (Hrsg.)	The Glenn Gould Reader New York (1985)
Geoffrey Payzant	Glenn Gould: Music & Mind Toronto 1978
John Pearce	First principles and second chances Maclean's (18.10.1982), 44
Mary Lowrey Rosa	The Self-Directed Artist Saturday Night (8.12.1956), 20ff.
Edward Rothstein	Glenn Gould Revisits a Bach Masterwork The New York Times (26.9.1982)
Arthur Schnabel	Music and the Line of Most Resistance New York (1969)

Wolfgang Schreiber

Howard H. Scott, Thomas Frost,
Paul Myers, Andrew Kazdin,
Samuel H. Carter

Gladys Shenner

Robert J. Silverman

Regina Hicke-Szabo

Lawrence O'Toole

Jürgen Uhde

Robert Matthew-Walke

William H. Youngren

Columbia Records

Begleittexte
zu Schallplatten

Bis an die Wurzeln graben
BR II (17.11.1984)
Recording Gould: A Retake
Here, a Splice There, a Myth
Everywhere
High Fidelity Magazine
(Februar 1983), 55ff.
The genius who doesn't want to play
Maclean's Magazine
(28.4.1956), 20ff.
Glenn Gould – Commentary
Piano Quarterly 29 (Herbst 1981)
Glenn Gould dies after massive stroke
Globe & Mail (5.10.1982)
The Glenn Gould Variations
Maclean's (18.10.1982), 43
Interpretation
Prisma der gegenwärtigen
Musik (Hrsg.: Joachim E.
Behrendt/J. Uhde), Hamburg
(1959), 114ff.
The 1985 International Bach
Competition
Music & Musicians (Dezember
1984)
Interpreting Glenn Gould
Atlantik Monthly
(Januar 1983), 96ff.

A Memorable Session
Music Magazine (März/April
1978), 30
Bach: Zwei- und dreistimmige
Inventionen
CBS 61 601
Glenn Gould spielt Beethovens
5. Sinfonie
CBS MS 7095
Byrd – Gibbons
CBS MP 39 552
Glenn Gould spielt Mozart I
CBS 79 501

Glenn Gould – Schönberg
CBS M 7098
Glenn Gould – Sibelius
CBS 76 674
The Young Glenn Gould
Vox Turnabout 34 793 X

Musikkritiken (Auswahl)

Paul Hume	Masterly Recital Played by Pianist Glenn Gould Washington Post (3.1.1955)
J. B.	Glenn Gould, 22-Year-Old-Pianist The New York Times (12.1.1955)
P. G. H.	Glenn Gould New York Herald Tribune (12.1.1955)
M. D. L.	Glenn Gould, Pianist, 11.1.1955 (Debut) Musical America (1.2.1955)
J. B.	More Raves About Glenn Gould Musical Courier (1.2.1955) Glenn Gould Takes Moscow By Storm The Telegram (8.5.1957)
Walter Homburger	Unique Musician Says Soviet Pianist The Journal Ottawa (15.5.1957)
Walter Homburger	1 100 Standers Thrill to Gould In Leningrad Toronto Daily Star (22.5.1957) Glenn Gould in Russia The Telegram (25.5.1957)
Hans Heinz Stuckenschmidt	Begegnung mit einem jungen Genie Die Welt (29.5.1957)

Walter Homburger	Moscow Hails Gould „Never Heard Fugues Played Like That" Toronto Daily Star (5.8.1957)
Eric McLean	Record Crowd Hears Gould With Quartet The Montreal Star (21.8.1957)
Walter Homburger	Glenn Gould Conquers Israel Toronto Daily Star (6.12.1958)
George Kidd	„The Tour Was A Little Hectic ..." Toronto Telegram (24.12.1958)
N. N.	Duo: Gould and Menuhin CBC Times (14.–20.5.1966)
Knut Franke	Provokation als Lustprinzip Piano Jahrbuch III (1983)
Anne Rose Katz	Leckerbissen für Sinne und Seele Süddeutsche Zeitung (Februar 1985)

Discographie

Die Aufnahmen sind in verschiedenen Pressungen und Zusammenstellungen erhältlich, ein Teil auch auf Cassette und CD. Es handelt sich um Tonaufzeichnungen der Firma CBS, andere Firmen sind in Klammer angegeben.

Anhalt, J.
Fantasie für Klavier

Bach, C.P.E.
Württembergische Sonate Nr. 1

Bach, J. S.
Sämtliche Englischen Suiten
Sämtliche Französischen Suiten
Fugen 1–9 aus „Kunst der Fuge" (Orgel)
Goldberg-Variationen
Sämtliche zwei- und dreistimmigen Inventionen
Italienisches Konzert
Klavierkonzerte Nr. 1, 2, 3, 4, 5, 7 (Columbia Symphony, Bernstein und Golschmann)
Klaviertrio D-dur Op. 70/1

So you want to write a fugue
You've got the nerve to write a fugue, so go ahead
So go ahead and write a fugue that we can sing

Pay no mind to what we've told you
give no heed to what we've told you
just forget all that we've told you
and the theory that you've read

For the only way to write one
is to plunge right in and write one
just ignore the rules and write one, have a try

The fun of it will get you
and the joy of it will fetch you
you'll decide that John Sebastian must have been
a very personable guy

But never be clever
for the sake of being clever

For a canon in inversion
is a dangerous diversion
and a bit of augmentation
is a serious temptation

So you want to write a fugue

(Oscar Shumsky, Violine; Leonard Rose, Violoncello)
Kleine Präludien, Fughetten und Fugen
Ouvertüre im frz. Stil
Sämtliche Partiten
6 Sonaten für Violine und Klavier (Jaime Laredo, Violine)
3 Sonaten für Viola da Gamba und Klavier (Leonard Rose, Violoncello)
Sämtliche Toccaten
Wohltemperiertes Klavier I+II
Kleines Bach-Buch

Beethoven, L. v.
Bagatellen Op. 33, Op. 126
Cellosonate A-dur Op. 69
(Leonard Rose, Violoncello)
Klaviersonaten Nr. 1, 2, 3, 5, 6, 7, 8, 9, 10, 12, 13, 14, 15, 16, 17, 18, 23, 30, 31, 32
Sämtliche Klavierkonzerte (Columbia Symphony, Bernstein und Golschmann;
New York Philharmonic, Bernstein; American Symphony, Stokowski)
Symphonie Nr. 5 (Transkr. Liszt)
Variationen Op. 34, Op. 35, WoO 80

Berg, A.
Sonate Op. 1 (a. Hallmark)

Bizet, G.
Chromatische Variationen
Premier Nocturne

Brahms, J.
Balladen Op. 10
10 Intermezzi Op. 76 Nr. 6,7; Op. 116 Nr. 4; Op. 117 Nr. 1–3; Op.118 Nr. 1, 2,
6; Op. 119 Nr. 1
Klavierkonzert Nr. 1 d-moll Op. 15
(New York Philharmonic, Bernstein) (Melodram)
Klavierquintett f-moll Op. 34 (Montreal String Quartet)
Rhapsodien Op. 79

Byrd, W.
„A Voluntary"
Erste Pavane und Galliarde
„Hughe Ashton's Ground"
Sechste Pavane und Galliarde
„Sellinger's Round"

Gibbons, O.
Allemande

133

Fantasie C-dur
„Lord of Salisbury" Pavane und Galliarde

Gould, G.
„So You Want to Write a Fugue?" (Elizabeth Benson-Guy, Sopran; Anita Darian, Mezzosopran; Charles Bressler, Tenor; Donald Gramm, Bariton; Juilliard Quartet, Golschmann)
Streichquartett Op. 1 (Montreal String Quartet, Symphonia Quartet)

Grieg, G.
Sonate Nr. 7 e-moll

Händel, G. F.
Suiten Nr. 1–4 (Cembalo)

Haydn, J.
Klaviersonaten Nr. 3, 56, 58, 59, 60, 61, 62

Hetu, J.
Variationen für Klavier

Hindemith, P.
Das Marienleben (Roxlana Roslak, Sopran)
Sämtliche Klaviersonaten
Sämtliche Sonaten für Blechbläser und Klavier (versch. Solisten)

Krenek, E.
Sonate Nr. 3

Morawetz, O.
Fantasie d-moll

Mozart, W. A.
Fantasien KV 397, KV 394, KV 475
Klavierkonzerte Nr. 21, 24 (CBC Symphony, Susskind)
Sämtliche Klaviersonaten

Prokofieff, S.
Sonate Nr. 7 B-dur Op. 83
„The Winter Fairy" aus „Cinderella" (Albert Pratz, Violine) (Hallmark)

Scarlatti, D.
Sonaten L. 413, 463,486

Schönberg, A.
Vollständiges Klavierwerk, einschließlich die Liedbegleitungen (Ellen Faull, Sopran; Helen Vanni, Mezzosopran; Donald Gramm, Bariton)

Schumann, R.
Klavierquartett Es-dur Op. 47 (Juilliard Quartet)

Skrjabin, A.
Sonate Nr. 3
2 Préludes Op. 57

Schostakowitsch, D.
3 Fantastische Tänze (Albert Pratz, Violine) (Hallmark)

Sibelius, J.
Kyllikki
3 Lyrische Stücke Op. 41
3 Sonatinen Op. 67

Strauss, R.
Enoch Arden
5 Klavierstücke Op. 3
Sonate h-moll
Ophelia- Lieder Op. 67 (Elisabeth Schwarzkopf, Sopran)

Taneieff, S.
„The Birth of the Harp" (Albert Pratz, Violine) (Hallmark)

Wagner, R.
„Morgengrauen" und „Siegfrieds Rheinfahrt" (Götterdämmerung")
Vorspiel („Meistersinger")
„Siegfried-Idyll" (Transkr. Gould)

Glenn Gould in Moskau 1957
(Live-Mitschnitt) (harmonia mundi)
Glenn Gould in Stockholm 1958
(Live-Mitschnitt) (BIS CD)
Glenn Gould in Salzburg 1959
(Live-Mitschnitt) (Frequenz Memoria CMG 1, 1 CD)
The Young Glenn Gould I+II
Silver Jubilee Album

Gespräche:
At Home with Glenn Gould; Interview mit Vincent Tovell (1959)
CBC E-156
Concert Dropout; Interview mit John McClure (1968)
Col. BS-15
A Glenn Gould Fantasy (1971/75)
Col. 35 914

Veröffentlichte Kompositionen

Kadenzen für das erste Klavierkonzert in C-dur Op. 15 von Ludwig van Beethoven. Great Neck, New York: Barger & Barclay (1958)

„So You Want to Write a Fugue?", für vierstimmigen gemischten Chor und Klavier- oder Streichquartettbegleitung. New York: G. Schirmer (1964)

Streichquartett op.1. Great Neck, New York: Barger & Barclay (1956)

Radiodokumentationen

Arnold Schoenberg: The Man Who Changed Music (1962)

The Prospects of Recording (1965); Studie über die Schallplattenindustrie und ihre Auswirkungen auf die moderne Gesellschaft

The Idea of North (1967); Darstellung über den Norden und seine Bewohner (Goulds erstes Experiment mit „contrapuntal radio")

Glenn Gould on the Moog Synthesizer (1968)

The Latecomers (1969); Studie über das Leben an einem abgelegenen Hafen in Neufundland

Stokowski: A Portrait for Radio (1970)

Casals: A Portrait for Radio (1973)

The Quiet in the Land (1973)

Richard Strauss: The Bourgeois Hero (1979)

Filmographie

Conversations with Glenn Gould, BBC (1966); vier Filme: 1. Bach, 2. Beethoven, 3. Schoenberg, 4. Strauss

Glenn Gould, National Film Board of Canada (1960); zwei Filme: 1. Off the Record, 2. On the Record (engl.)

Glenn Gould, National Film Board of Canada (1960); Dokumentation über Glenn Gould (frz.)

Slaughterhouse Five, Universal Pictures (1972); Regie: George Roy Hill; Glenn Gould als Pianist, Arrangeur und Komponist

Spheres, National Film Board of Canada (1960); von Norman McLaren und René Jodoin; Trickfilm, mit Klaviermusik von Bach, gespielt von Glenn Gould

The Terminal Man, Warner Brothers (1974); Regie: Michael Hodges; Glenn Gould spielt die Goldberg-Variationen

Les Chemins de la musique, Classart; vier Filme: 1. La Retraite, 2. L'Alchemiste (1. Teil), 3. L'Alchemiste (2. Teil), 4. Partito

The Wars, Nielsen Ferns und Torstar; Musik von Glenn Gould

Glenn Gould's Toronto, John McGreevy Productions – Nielsen Ferns Co-Production

Radio as Music, CBC; Dokumentarfilm; Glenn Gould als Dokumentarist und sein Konzept von „contrapuntal radio"

Serie von drei Filmen über Bachaufnahmen von Glenn Gould; Produzent: Classart; 1. Glenn Gould Plays Bach, 2. An Art of Fugue, 3. The Goldberg Variations

Music of Man, Nr. 8, CBC-PBS Co-Produktion; Glenn Gould im Gespräch mit Yehudi Menuhin

Wera Matheis: Geb. 13. Juli 1954 in Unterpolling (Ndb.); Studium der Pädagogik, Musikerziehung, Schulmusik, Musikwissenschaften und Kunstgeschichte in München und Augsburg; seit 1986 Klavierlehrerin in München.